国家社科基金青年项目（项目编号：23CJY003）

投资目标下的中国地方政府财政支出行为研究

张兆强　著

中国财经出版传媒集团
中国财政经济出版社
北京

图书在版编目（CIP）数据

投资目标下的中国地方政府财政支出行为研究 / 张兆强著. -- 北京：中国财政经济出版社，2024. 3
ISBN 978 - 7 - 5223 - 2875 - 1

Ⅰ. ①投… Ⅱ. ①张… Ⅲ. ①地方财政－财政支出－研究－中国 Ⅳ. ①F812. 7

中国国家版本馆 CIP 数据核字（2024）第 045154 号

责任编辑：闫　娟　李肇晗　　　责任印制：史大鹏
封面设计：卜建辰　　　　　　　责任校对：徐艳丽

投资目标下的中国地方政府财政支出行为研究
TOUZI MUBIAO XIA DE ZHONGGUO DIFANG ZHENGFU CAIZHENG ZHICHU XINGWEI YANJIU

中国财政经济出版社 出版

URL：http：//www. cfeph. cn
E - mail：cfeph@ cfeph. cn

社址：北京市海淀区阜成路甲 28 号　邮政编码：100142
营销中心电话：010 - 88191522
天猫网店：中国财政经济出版社旗舰店
网址：https：//zgczjjcbs. tmall. com
中煤（北京）印务有限公司印刷　各地新华书店经销
成品尺寸：170mm × 240mm　16 开　11 印张　150 000 字
2024 年 3 月第 1 版　2024 年 3 月北京第 1 次印刷
定价：50. 00 元
ISBN 978 - 7 - 5223 - 2875 - 1
（图书出现印装问题，本社负责调换，电话：010 - 88190548）
本社图书质量投诉电话：010 - 88190744
打击盗版举报热线：010 - 88191661　QQ：2242791300

前言

在中国经济发展过程中，地方政府发挥了至关重要的作用。在中国特色社会主义政治经济制度下，地方政府具有很强的积极性来发展经济，对于地方政府行为及其动力机制的研究也成为文献中经久不衰的主题。从财政的视角看，地方政府行为包括地方政府支出行为、收入行为、举债行为。就支出行为而言，既有文献关注地方政府支出的规模和结构。就收入行为而言，大量文献关注的是税收征管行为及其导致的企业税负变化。就举债行为而言，地方政府曾经（2015 年前）主要通过融资平台公司举借债务，融资平台公司债务构成地方政府隐性债务的主要部分。

地方政府财政行为受何影响？这是学术界非常关注的热点话题，并形成了两个具有较大影响力的理论——财政分权理论与官员晋升理论。不过近年来，学术界开始关注到经济增长目标对地方政府行为的影响。目标是政府凝聚共识、调动资源、动员各方面力量的重要手段。在实践中，目标往往会与政绩考核相挂钩，它会层层分解到各部门和各下级政府，并进一步落实到具体组织和人，这使得各级政府都要贯彻落实目标，有些地方甚至签订“目标责任书”或“目标责任状”来保证目标实现。这样，各级政府的各项工作都会围绕推动目标实现而展开。因此可以说，政府目标体现政府意图，影响政府行为，为解释地方政府财政行为提供了一个新的绝佳视角。

在现实中，政府目标不仅包含着经济增长目标，还有投资目标等。既有研究主要关注经济增长目标的影响，却鲜有研究关注投资目标的影响。事实上，投资目标在地方政府所关注的发展目标体系中处于十分重要的位置，并且对地方政府行为有较大的影响。原因在于：第一，相对于经济增长目标，投资目标更高，向下扩张性更强；第二，投资目标的考核权重很高，尤其是对于经济不发达地区，投资的考核权重可能更高，甚至高于经济增长目标考核；第三，投资目标对地方政府的影响更为直接。因此，研究投资目标对地方政府财政行为的影响具有重要的意义。

近年来，党和国家高度关注财政支出，党的十八大、十九大、二十大等一系列重要会议强调“优化财政支出结构”“增加基本公共服务供给”等，这就需要深入研究影响财政支出行为的因素，进而提出相应的政策建议。为此，本书聚焦于财政支出行为，通过理论模型和实证分析研究投资目标对财政支出行为的影响。

首先，本书研究了投资目标对财政支出规模的影响。理论模型部分推导得到：投资目标对政府支出占比的影响与政府支出占比有关，当政府支出占比在一定范围内，投资目标提高会使得政府增加支出；当政府支出占比过高时，投资目标提高会使得政府减少支出。实证分析部分基于地级市面板数据，通过构建双向固定效应模型发现，投资目标提高，地方政府会显著增加财政支出规模。平均而言，投资目标每提高 1 个百分点，政府支出占 GDP 的比重将显著提高 0.06 个百分点。这一结论在替换核心解释变量、控制地区竞争、控制财政分权、控制官员特征、运用工具变量法估计、考虑城市级别等一系列因素之后仍是稳健的，但在以是否完成目标、新时代前后分组的样本中呈现出异质性。进一步地，本书还考察了财政支出规模对实际投资水平（通过投资增速和投资占 GDP 比重两个指标度量）的影响，发现：财政支出规模提高，会显著提高实际投资水平。

其次，本书研究了投资目标对生产性支出的影响。理论模型部分推导得到：投资目标对政府生产性支出占比具有正向影响。实证分析部分基于地级市面板数据，通过构建双向固定效应模型发现，投资目标提高，地方政府会显著增加生产性支出比重。平均而言，投资目标每提高 1 个百分点，地方政府基建投资占财政支出的比重将显著提高约 0.04 个百分点。这一结论在替换核心解释变量、考虑财政支出分类改革、控制财政分权、控制官员特征、运用工具变量法估计、考虑城市级别等一系列因素之后仍是稳健的，但在以是否完成目标、新时代前后分组的样本中呈现出异质性。进一步地，本书还考察了政府生产性支出对实际投资水平的影响，发现：生产性支出占比提高，会显著提高投资增速和投资占 GDP 比重。

最后，本书研究了投资目标对民生性支出的影响。理论模型部分推导得到：投资目标对政府民生性支出占比具有负向影响。实证分析部分基于地级市面板数据，通过构建双向固定效应模型发现，投资目标提高，地方政府会显著降低教育支出占财政支出的比重、科学支出占财政支出的比重，对医疗卫生与计划生育支出没有显著影响。平均而言，投资目标每提高 1 个百分点，教育支出占财政支出的比重平均显著降低 0.053 个百分点，科学支出占财政支出的比重平均显著降低 0.008 个百分点。这一结论在替换核心解释变量、控制财政分权、控制官员特征、运用工具变量法估计、考虑城市级别等一系列因素之后仍是稳健的，但在以是否完成目标、新时代前后分组的样本中呈现出异质性。进一步地，本书还考察了政府民生性支出对投资增速和投资占 GDP 比重的影响，发现：教育支出占财政支出的比重、科学支出占财政支出的比重提高，会显著降低实际投资水平，即显著降低投资增速和投资占 GDP 比重。

本书的研究不仅为解释地方政府财政支出行为提供了新的视角，而且也揭示了投资目标的影响，丰富了地方政府目标相关领域的研究。在实践中，本书为完善地方政府目标和干部考核制度、优化支出结构、促进经济高质量发展提供了重要的依据和参考。

目录

第 1 章　导论　/1

1.1　研究背景　/3

1.2　研究意义　/6

1.3　研究方法　/7

1.4　研究结构与内容　/8

第 2 章　文献综述　/11

2.1　政府目标相关研究　/13

2.2　地方政府财政支出行为的影响因素　/17

2.3　地方政府财政收入行为的影响因素　/22

2.4　地方政府举债行为的影响因素　/33

第 3 章　投资目标对财政支出规模的影响　/37

3.1　引言　/39

3.2　理论模型　/40

3.3　实证分析　/43

3.4　小结　/61

第 4 章　投资目标对生产性支出的影响　/63

4.1　引言　/65

4.2　理论模型　/66

4.3　实证分析　/68

4.4　小结　/94

第 5 章　投资目标对民生性支出的影响　/97

5.1　引言　/99

5.2　理论模型　/100

5.3　实证分析　/103

5.4　小结　/133

第 6 章　主要结论与政策建议　/135

6.1　主要结论　/137

6.2　政策建议　/139

参考文献　/141

后记　/167

第 1 章

导　论

1.1　研究背景

1.1.1　地方政府的财政行为

过去四十多年来，中国经济取得了辉煌成就，乃至被称为“中国的奇迹”（林毅夫等，2013）。学界一致认为：在中国经济发展过程中，地方政府发挥了至关重要的作用。在中国特色社会主义政治经济制度下，地方政府具有很强的积极性发展经济，地方政府行为及其动力机制也成为文献中经久不衰的主题。

从财政的视角看，地方政府行为包括地方政府财政支出行为、财政收入行为、举债行为。

就财政支出行为而言，既有文献不仅关注地方政府支出规模，还关注支出结构。由于政府支出按不同职能或用途进行分类，因此在政府支出结构相关研究中，既有学者从中选择几类代表性的支出，如基本建设支出、教育支出等，分别进行单独研究（Jia 等，2014），也有学者将其合并为生产性支出、民生性支出（或消费性支出）等（马光荣等，2019）。

就财政收入行为而言，财税汲取能力是国家能力的重要基石（Besley 和 Persson，2009；吕冰洋和台航，2019），在现行税制诞生时“宽打窄用”的税制设计所预留的巨大“征税空间”之下（高培勇，2006），通过提高税收努力和征税能力，可以实现税收持续保持较高速度增长（吕冰洋和郭庆旺，2011），因此，大量文献关注的是税收征管行为及其导致的企业税负变化。

就举债行为而言，地方政府主要通过融资平台公司举借债务，融资平台公司债务构成地方政府隐性债务的主要部分（吉富星，2018；毛捷和徐军伟，2019；徐军伟等，2020）。在2015年之前，旧《预算法》仅规定地方政府不能直接举债，但并未明确禁止通过融资平台公司间接举债，于是地方政府纷纷成立融资平台公司，通过融资平台公司举借债务。后来，尽管2015年开始实施的新《预算法》明确规定，发行政府债券是地方政府举债的唯一途径，但是一些地方政府仍选择通过融资平台公司违法违规或变相举债，形成地方政府隐性债务①。

1.1.2 解释地方政府财政行为的两大传统理论：财政分权与官员晋升

地方政府财政行为受何影响？这是学术界非常关注的热点话题，并形成了两个具有较大影响力的理论——财政分权与官员晋升。

以 Tiebout（1956）和 Oates（1972，2002）为代表的第一代财政分权理论认为，地方政府关注辖区居民福利最大化，并且比中央政府更具有信息优势，如果中央政府赋予地方政府更多的财政收支自主权，地方政府就可以提供更优质的公共服务，影响地方政府财政行为。而以 Weingast（1995）、Qian 和 Weingast（1997）、Qian 和 Roland（1998）为代表的第二代财政分权理论认为，地方政府也是自利的，为了约束这种自利行为，就需要在政府内部实行分权来激发竞争，这就包括“良性竞争”（race to the top）或“逐底竞争”（race to the bottom）（Cumberland，1981；Mintz 和 Tulkens，1986；Wildasin，1988；Justman 等，2001；Cai 和 Treisman，2005；Kunce 和 Shogren，2005，2007），从而进一步引发支出竞争等，影响地方政府财政行为。

需要特别说明的是，由于税收分成是中国政府间财政关系的核心，最近的研究关注税收分成对地方政府财政行为的影响。如吕冰洋等（2016）研究了分税对地方政府税收行为和企业实际税率的影响；田彬

---

① 参见2019年时任财政部部长刘昆在两会答记者问上的发言。

彬和范子英（2016）研究了2002年所得税分享改革带来的税收分成比例变动对国税局和地税局税收努力的影响；毛捷等（2019）研究了税收分成对地方政府举债行为的影响；谢贞发和张佼雨（2020）研究了税收分成对地方政府公共品配置行为的影响。

以周黎安（2004，2007）、Li 和 Zhou（2005）为代表的官员晋升理论则从官员晋升的角度进行分析。该理论认为地方政府的整体行为是所有官员个体行为的加总，在中国的政治制度下，由于人事权掌握在上级政府手中，所以地方官员为追求晋升而偏好上级政府目标，从而影响地方政府行为。随后，大量研究关注官员晋升激励对地方政府财政行为的影响。如贾俊雪等（2017）研究了增长绩效、财政可持续、民生性公共服务这三种不同的晋升激励对地方政府举债行为的影响；吴敏和周黎安（2018）研究了官员晋升激励对可视性公共品提供的影响。

1.1.3 投资目标：解释中国地方政府财政行为的新视角

近年来，学术界开始关注到经济增长目标对地方政府行为的影响。如胡深和吕冰洋（2019）发现，经济增长目标显著影响地方政府的土地出让策略；Liu 等（2020）发现，经济增长目标对科教支出具有显著负向影响；詹新宇等（2020）发现，经济增长目标影响企业所得税征管力度，进而影响辖区内企业的企业所得税有效税率。

政府目标是政府凝聚共识、调动资源、动员各方面力量的重要手段。目标设定之前，政府在充分调研、研究的基础上，广泛听取社会各界的意见，凝聚社会共识。目标设定之后，政府就会调动资源、动员各部门各地方来推动目标实现。在实践中，目标往往会与政绩考核相挂钩，它会层层分解到各部门和各下级政府，并进一步落实到具体组织和人，这使得各级政府都要贯彻落实目标，有些地方甚至签订“目标责任书”或“目标责任状”来保证目标实现。这样，各级政府的各项工作都会围绕推动目标实现而展开。因此可以说，政府目标体现政府意图，影响政府行为，为解释地方政府财政行为提供了一个新的绝佳视角。

在现实中，政府目标不仅包含着经济增长目标，还有投资目标等。既有研究主要关注经济增长目标的影响，却鲜有研究关注投资目标的影响。事实上，投资目标在地方政府所关注的发展目标体系中处于十分重要的位置，并且对地方政府行为具有较大的影响。原因在于：第一，相对于经济增长目标，投资目标更高，向下扩张性更强；第二，投资目标的考核权重很高，尤其是对于经济不发达地区，投资的考核权重可能更高，甚至高于经济增长目标考核；第三，投资目标对地方政府的影响更为直接。因此，研究投资目标对地方政府财政行为的影响具有重要的意义。

近年来，党和国家高度关注财政支出，党的十八大、十九大、二十大等一系列重要会议强调“优化财政支出结构”“增加基本公共服务供给”等，这就需要深入研究影响财政支出行为的因素，进而提出相应的政策建议。为此，本书聚焦于财政支出行为，通过理论模型和实证分析研究投资目标对财政支出行为的影响。

1.2 研究意义

1.2.1 理论意义

第一，从投资目标的新视角研究地方政府财政支出行为，为解释地方政府财政支出行为提供了新的视角。改革开放四十多年来，地方政府在经济发展过程中发挥了至关重要的作用。财政是国家治理的基础和重要支柱，地方政府财政支出行为受到学界普遍关注，既有研究较多从财政分权、官员晋升两个理论出发，解释地方政府财政支出行为，而较少关注地方政府目标（尤其是投资目标）对地方政府财政支出行为的影响。目标是政府凝聚共识、调动资源、动员各方面力量的重要手段，在实践中，它往往会与政绩考核相挂钩，这就使得地方政府的各项工作都会围绕推动目标实现而展开。可以说，政府目标体现政府意图，影响政府行为，为解释地方政府财政行为提供了一个新的视角。

第二，政府目标聚焦于投资目标，丰富了政府目标领域的研究。在政府目标的相关研究中，大量文献关注的是经济增长目标，却鲜有研究关注投资目标。事实上，投资目标在地方政府所关注的发展目标体系中处于十分重要的位置，并且对地方政府行为具有较大的影响。本书研究投资目标的影响，丰富了政府目标相关领域研究。

1.2.2 现实意义

第一，有利于改善地方政府目标治理。通过研究投资目标对地方政府财政支出行为的影响，可以发现致使地方政府财政支出行为发生扭曲、不利于国民经济和社会发展的目标设定，从而有针对性地进行改善，有利于使地方政府的目标体系更加科学。

第二，有利于完善干部考核制度。干部绩效考核保障了地方政府努力推动目标实现，不合理的政府目标设定体现出的正是干部考核制度中的不合理之处，发现这些不合理之处并进行改善，有利于使干部考核制度更加科学。

第三，通过研究地方政府财政支出行为的意图或动机，可以为优化支出结构、促进经济高质量发展提供一定的依据和参考。

1.3 研究方法

本书的研究方法主要包括文献归纳法、数理模型法、实证分析法三种方法。

一是文献归纳法。本书整理了政府目标相关研究、地方政府财政支出行为的影响因素等方面的文献，对这些文献分别进行分类、归纳和总结，了解了该问题的发展脉络和最新进展，为本书的研究提供了思路和借鉴。

二是数理模型法。根据研究章节，本书分别建立了对应的理论模型，通过数理推导，发现投资目标与地方政府财政支出行为（包括财政支出规模和结构）之间的关系，并总结为相关命题。

三是实证分析法。在搜集、整理了相关数据之后，本书运用计量方法进行实证检验，主要采用双向固定效应模型、工具变量法等计量方法，而且通过考虑一系列可能影响结论的因素说明结论的稳健性。

1.4 研究结构与内容

全书共分为 6 章。

第 1 章是本书的导论，说明本书的研究背景、研究意义、研究方法、研究结构与内容、研究创新与不足。

第 2 章是文献综述，本书整理了政府目标相关研究、地方政府财政支出行为的影响因素等方面的文献，并对这些文献分别进行分类和归纳。

第 3 章研究投资目标对财政支出规模的影响。通过理论模型和实证分析检验投资目标对财政支出占 GDP 比重的影响。进一步地，本书还考察了财政支出规模对实际投资水平的影响，以此检验地方政府提高财政支出规模是否能够促进实际投资增长。

第 4 章研究投资目标对生产性支出的影响。通过理论模型和实证分析检验投资目标对生产性支出占财政支出比重的影响。进一步地，本书还考察了生产性支出对实际投资水平的影响，以此检验地方政府提高生产性支出能否促进实际投资增长。

第 5 章研究投资目标对民生性支出的影响。通过理论模型和实证分析检验投资目标对各类民生性支出占财政支出比重的影响。进一步地，本书还考察了民生性支出对实际投资水平的影响，以此检验地方政府提高民生性支出是否会抑制实际投资增长。

第 6 章是本书的结论和政策建议，对全书进行总结，并提出相关政策建议。

图 1.1 展示了本书的研究结构和逻辑。

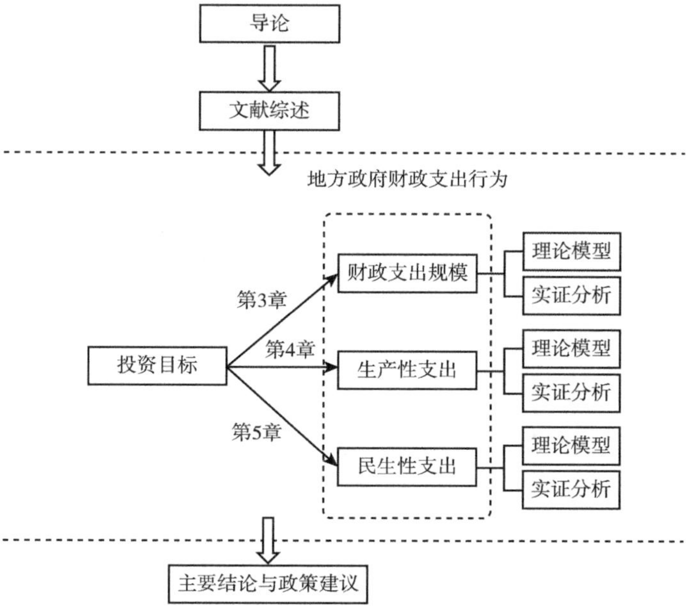

图 1.1　本书的研究结构和逻辑

第 2 章

文献综述

2.1　政府目标相关研究

2.1.1　目标治理

目标治理，在文献中亦可称为目标管理，二者异名同义，本质上均体现政府意图，影响政府行为。目标管理是一个全球性现象，不仅出现在发展中国家，也出现在发达国家（Halpern，2015；徐现祥和刘毓芸，2017）。

对于中国的目标治理，五年规划引起了学者们的大量关注，相关文献十分丰富。在五年规划纲要中，政府提出五年期目标，并通过科学规划经济社会发展的方方面面推动目标实现。杨伟民（2010）、杨永恒（2012）系统介绍了五年规划的理念、编制和评估等内容。鄢一龙（2013）认为，中国的五年规划是一套目标治理体制，通过制定规划，引导资源配置，推动目标实现。吕捷等（2018）认为，中国的目标治理机制根本上在于耦合央地目标，并受到政治引导和行政压力的双重影响。

还有部分文献从年度目标的视角出发，研究中国政府的目标治理。王汉生和王一鸽（2009）研究了目标管理责任制在农村基层的实践逻辑和运作方式。马亮（2018）认为，政府设定的目标具有很强的指导性和约束力，对政府行为和经济社会发展产生深远影响，并将其称为“目标治国”。

2.1.2　经济增长目标

近年来，学界关注到经济增长目标的至关重要性，并涌现出一系列相关研究，主要集中于以下三个方面。

（1）经济增长目标设定或调整的影响因素

既有文献研究经济增长目标设定或调整的影响因素主要集中在本地或其他地区历史经济增长目标和实际水平、地方领导人特征、中央转移支付和财政分权等方面。

第一，本地或其他地区历史经济增长目标和实际水平对经济增长目标的影响。徐现祥和梁剑雄（2014）基于省级面板数据，发现经济增长目标的调整受省际收入差距的负向影响。Ma（2016）发现，政府上年设置的经济增长目标和实现程度对本年目标具有正向作用，还受兄弟省份目标的影响。马亮（2016）发现，历史和社会绩效差距是影响经济增长目标调整的关键变量。王贤彬和黄亮雄（2019）通过2001—2013年省级面板数据研究经济增长目标的设定，发现经济增长目标制定呈现激进性、互动性和波动性的特点，即本地实际经济增长水平、其他地区经济增长目标对本地经济增长目标具有显著正向影响，而全国层面的实际经济增长水平对本地经济增长目标具有显著负向影响。

第二，地方领导人特征对经济增长目标的影响。马亮（2013）基于省级面板数据发现，经济增长目标受省长的任期和来源的影响，任期与经济增长目标存在U型关系，而本省升上来和拥有中央关系的省长倾向于设置较高的经济增长目标。周黎安等（2015）认为，经济增长目标存在从中央到基层政府的“层层加码”现象，并且这与地方官员晋升激励有着密切关系，对此，Li等（2019）提供了理论解释和经验证据。余泳泽和杨晓章（2017）发现，市委书记比市长更能影响经济增长目标的制定，并且，经济增长目标的制定还受市委书记的年龄、任期等特征的影响。

第三，中央转移支付和财政分权对经济增长目标的影响。王贤彬和周海燕（2016）基于2001—2014年省级面板数据，实证发现经济增长目标受中央转移支付的影响具有地区异质性，东部沿海地区得到中央转移支付会显著提高经济增长目标，而内陆地区则没有显著影响。詹新宇和刘文彬（2020）研究发现，财政分权对经济增长目标具有显著拉动作用。

（2）经济增长目标的影响

既有文献研究经济增长目标的影响主要集中在经济增长目标对宏观经济、政府行为、企业绩效等方面的影响。

第一，经济增长目标对宏观经济的影响。孙文凯和刘元春（2016）基于 2004—2013 年省级面板数据发现，经济增长目标对实际经济增长具有显著促进作用，这一正向作用主要是通过政府支出和投资实现的。徐现祥和刘毓芸（2017）基于全球 48 个全球公布经济增长目标的经济体的截面数据，也证实了经济增长目标会显著促进实际经济增长，并且是通过资本积累和技术进步实现的。徐现祥等（2018）以技术进步对经济增长的贡献率作为经济发展质量的衡量指标，并基于 2000—2012 年省级面板数据，发现经济增长目标显著降低或侵蚀了经济发展质量。刘淑琳等（2019）基于 2001—2016 年地级市面板数据发现，经济增长目标驱动辖区投资增长。王贤彬和陈春秀（2019）基于 1997—2016 年省级面板数据发现，经济增长目标与制造业全要素生产率具有显著的倒 U 型关系。冯慧（2019）基于 2004—2017 年省级面板数据发现，经济增长目标会显著影响环境污染，其加码越多，环境污染越严重。刘帅和孔明（2020）基于 2006—2015 年省级面板数据发现，经济增长目标对环境污染呈现倒 U 型影响。刘帅等（2020）基于 2001—2015 年省级面板数据发现，经济增长目标提高，会显著提高工业产能利用率水平。赵新宇和郑国强（2020）基于 2005—2017 年省级面板数据发现，经济增长目标对要素市场扭曲程度具有显著正向影响。聂长飞和冯苑（2020）基于 2000—2017 年省级面板数据发现，经济增长目标通过土地财政效应、技术效应、结构效应三个机制，对地区绿色全要素生产率产生显著负向影响。

第二，经济增长目标对政府行为的影响。李成等（2018）基于全国2001—2016年季度数据，通过SVAR模型发现，经济增长目标影响货币政策独立性，是货币政策的“底线”约束。胡深和吕冰洋（2019）基于地级市数据发现，地方政府的经济增长目标显著影响其土地出让策略，具体来讲，经济增长目标设定得较高，会显著提高协议和招拍挂的土地出让面积，显著降低协议土地价格，对招拍挂土地出让价格的影响与经济发展程度有关。徐换歌和蒋硕亮（2020）基于省级面板数据发现，经济增长目标提高，地方政府会显著增加公共服务支出规模，但公共服务支出占比显著降低。Liu等（2020）基于2003—2016年地级市面板数据发现，经济增长目标对科教支出具有显著负向影响。

第三，经济增长目标对企业绩效的影响。任晓怡等（2020）基于2007—2017年的省级数据和上市公司数据发现，经济增长目标提升了股价崩盘风险，不利于金融市场稳定。刘勇和黄灿（2020）基于2007—2017年的省级数据和上市公司数据发现，经济增长目标对企业创新投入和创新产出均具有显著抑制作用。詹新宇等（2020）基于2008—2016年上市公司数据和地级市数据发现，地方政府经济增长目标提高，将显著降低企业所得税率。李书娟和王贤彬（2020）通过经济增长目标与五年移动平均实际GDP增速之差度量经济增长压力，基于2001—2016年上市公司数据和地级市数据，发现经济增长压力加大，将会显著提高国有上市公司投资，而对非国有上市公司投资没有显著影响。黄亮雄等（2021）通过企业盈利的波动性度量企业风险承担水平，基于2009—2015年匹配的上市公司数据和地级市数据，发现地级市政府的经济增长目标提高，将显著推高企业风险承担水平。

（3）经济增长目标“层层加码”及软硬约束对经济和地方政府行为的影响

一些研究通过对于经济增长目标的措辞来衡量软硬约束，当经济增长目标用语出现“之上”“确保”“力争”等词汇时，定义为硬约束，当采用“左右”“上下”“之间”等用词时，定义为软约束。研究发现，经济增长目标硬约束及“层层加码”显著抑制服务业结构升级（余泳泽和潘妍，2019）、明显抑制全要素生产率的提升（余泳泽、刘大勇和龚宇，2019）、不利于制造业出口技术复杂度的提升（余泳泽、张少辉和杜运苏，2019）、扭曲公共支出结构从而制约长期经济增长（Liu 等，2020）。

2.2　地方政府财政支出行为的影响因素

2.2.1　财政分权

财政分权是引起地方财政支出行为变动的重要因素。大量研究表明，财政分权对政府支出规模具有显著正向影响。同时，中国式财政分权引起地方财政支出结构变化，形成“重基建、轻民生”的财政支出特点，即地方政府在进行财政支出行为决策时，更加偏向生产性支出，而忽视民生性支出。Jin 和 Zou（2002）认为财政分权会扩大地方政府支出规模。傅勇和张晏（2007）研究发现财政分权扭曲了地方政府支出结构，地方政府倾向于增加基本建设支出，轻视科教文卫等人力资本投资和公共服务支出，地方政府竞争进一步加剧了这一扭曲。孙琳和潘春阳（2009）研究发现，以人均财政支出衡量的财政分权对地方政府支出规模扩大起到推动作用，从结构上看，财政分权对经济建设支出规模的作用最大，其次是公共服务支出规模，对政府自身行政管理费用支出（政府自身消费）的作用最小。王文剑（2010）从财政收入分权和支出分权角度进行分析，发现两者都导致了地方政府支出规模的不断扩张，尤其注重扩大生产性基础设施方面的财政支出。Jia 等（2014）的研究也提供了财政分权增加政府支出的证据，并指出政府对资本建设方面的资金分配较多而对教育和行政管理方面的支出权重较小。

但也有研究得到不同的结论。郭庆旺和贾俊雪（2010）运用县级数据研究发现，财政收支分权对支出规模的影响是非对称性的，财政支出分权的影响显著为正，而财政收入分权的影响显著为负。张宇（2013）运用动态检验模型进行分析，发现地方政府与中央政府之间的财政分权程度与政府的生产性支出占比呈倒 U 型的非线性特征，其认为财政收入集权化与财政支出分权化导致了地方政府的生产性支出偏好。

后续研究较多运用自然实验方法，分析具有分权或集权性质的财政体制改革对政府支出结构的影响，以减少内生性问题。陈思霞和卢盛峰（2014）利用“省直管县”改革的自然实验，研究了财政分权对地方政府财政支出行为的影响，发现分权改革导致地方政府提高基础建设支出比重，降低教育和医疗卫生等民生性支出占比。贾俊雪和宁静（2015）利用县级数据，也发现了相同的结论。左翔等（2011）利用农业税减免改革，将之视为具有财政收入集权性质的自然实验，发现财政集权使县级政府农业支出显著增加，教育投入显著下降。

最新研究开始深入考虑税收分成对支出结构的影响。马光荣等（2019）从税收分成的角度切入，研究地方政府偏向生产性支出的影响因素，发现税收分成比例的提高促使地方政府提高生产性支出占比。牛富荣和贺冠勇（2020）进一步研究发现，税收分成比例的提高会降低地方政府民生性福利支出占比，抑制地方政府供给基本公共服务的意愿。

2.2.2 官员晋升

随着政治经济学研究领域的兴起，许多学者开始关注财政支出行为背后的政治动因。在中国的政治体制下，地方官员出于晋升的考虑，追求 GDP 最大化。基础建设投资能够在短期内直接拉动经济增长，而科教文卫等基本公共服务无法在短期内对经济增长产生直接的促进效果，官员出于短期内凸显自身政绩的需要，相对于民生性支出，更加偏好生产性支出，引发财政支出结构的偏向。政治晋升竞争导致中国存在重复建设问题（周黎安，2004；Li 和 Zhou，2005）。

许多研究从官员晋升的视角出发，研究政治因素对地方财政支出行为的影响。尹恒和朱虹（2011）利用县级数据进行研究，认为在晋升动机下，县级决策者追求经济增长，导致财政支出存在生产性支出偏向。张牧扬（2013）研究了官员晋升激励制度下的地方官员对财政支出结构的影响，通过理论和实证模型发现，官员倾向于选择经济性支出，以期更快地展示其能力，获得晋升。吴敏和周黎安（2018）从公共品可视性的视角考察了官员晋升激励对地方财政支出的影响，发现地方官员任期与可视性公共品支出存在倒 U 型关系，而对于非可视型公共品支出则不存在这种关系。

2.2.3　官员行为

随着研究的深入，学者们逐渐发现研究地方政府的财政行为，需要关注官员行为。之前对政府行为的分析，忽略了官员个体特征（臧传琴和初帅，2016）。因此，越来越多的学者开始关注官员行为和官员特征，从官员视角切入研究地方政府财政支出行为。

在国外，许多研究开始关注领导人或官员变化对财政支出规模和结构的影响（Brender 和 Drazen，2009；Drazen 和 Eslava，2005；Brender 和 Drazen，2005）。对于中国的研究，吕冰洋（2018）从现实入手，归纳分析了地方官员在财政支出和公共品供给上的行为逻辑，其分析认为，地方财政支出结构中存在偏向“显示性公共物品”的现象，而这与官员行为逻辑有着密切联系。许多实证也从官员的个体特征入手，分析其对地方政府财政支出行为的影响，尤其是对于科技、教育、医疗卫生等民生性支出的影响。王贤彬等（2013）基于省级官员数据，发现地方政府的财政支出模式显著受到当地官员的个人特征的影响，随着任期增加财政支出的扩张性偏向有所下降。郭平和林晓飞（2018）研究分析了省委书记和省长个体特征对民生性支出的影响。易雯（2018）利用市级面板数据，研究发现地方官员特征对当地教育支出行为具有显著影响。宋冉和陈广汉（2016）利用空间计量方法，研究市级官员的个人特征等因素对地方政府教育支出偏好的影响。李恩极和李群（2020）利用地级市数据研究了官员任期对地方科学支出的影响，发现官员任期的科学支出呈现 U 型关系，地方官员会在任期内对政府科学支出做出“策略性”安排。

2.2.4 转移支付

转移支付对地方政府支出行为选择有重要影响，现有文献主要围绕着地方财政支出规模和结构两个方面展开研究。转移支付相比于居民收入带来的地方财力改善，可能更会刺激地方政府财政支出过度扩张，即“粘蝇纸效应”（Flypaper Effect）（Gramlich 和 Galper，1973；Gramlich，1977；Oates，1999）。国外的大量研究发现了转移支付的“粘蝇纸效应”，转移支付提高了地方政府财政支出（Gordon，2004；Dahlberg 等，2008；Egger 等，2010；Gennari 和 Messina，2014）。国内研究也运用不同层级、不同地区的数据和不同方法证实了“粘蝇纸效应”的存在。范子英和张军（2010）使用分税制改革以来的省级面板数据验证了“粘蝇纸效应”的存在，即转移支付带来的结构性变动显著促进了政府规模的扩张。刘畅和马光荣（2015）运用断点回归方法，利用县级面板数据验证了财政转移支付的“粘蝇纸效应”，并且从结构上看，转移支付提高了行政管理支出和基本建设支出的占比，降低了教育支出占比。刘怡和刘维刚（2015）基于全国县级面板数据研究发现转移支付对地方支出规模具有显著正向激励效应，西部县区的效应较强。

基于不同转移支付形式的不同激励逻辑，许多研究进一步考察了不同转移支付形式的影响。杨龙见等（2015）、刘畅和马光荣（2015）发现专项转移支付产生的“粘蝇纸效应”远大于一般性转移支付。郭婧和贾俊雪（2017）利用地级市数据分析认为专项转移支付对财政支出具有较为显著的正向影响。薛凤珍和蒙永胜（2018）利用县级数据分析发现，财力性转移支付中的无条件转移支付对县级财政支出具有一定的扩张作用，而一次性总额拨款和专项转移支付则没有刺激作用。赵永辉等（2019）运用空间计量模型，发现一般性转移支付显著影响地方政府支出扩张，而专项转移支付没有显著影响。

除了财政支出规模，许多研究更为关注财政支出结构。转移支付不仅对财政支出规模有显著影响，对于财政支出结构也会带来激励和扭曲，加剧了地方政府的生产性支出偏向。付文林和沈坤荣（2012）利用地方财政支出决策模型和省级面板数据研究发现，转移支付规模的扩大，不仅会带来地方财政支出的“粘蝇纸效应”，还会影响地方政府的财政支出结构，地方政府倾向于更大比例提高经济建设支出和政府消费支出。李永友和张子楠（2017）研究表明中国的转移支付制度降低了地方政府提供社会性公共品的激励，降低了社会性支出比例。刘贯春和周伟（2019）利用县级面板数据研究了转移支付不确定性对财政支出结构的影响，发现转移支付不确定性会加剧地方政府财政支出偏向生产性活动。

更进一步，也有学者对不同财政支出类型的变动进行深入分析，探究转移支付对具体财政支出类型的影响，研究不同类型支出背后的不同反应机理。姚东旻等（2019）基于转移支付政策文本研究了专项转移支付对专项支出的影响，发现不同类型的支出具有不同的反应逻辑。杨良松（2016）关注转移支付对教育支出的影响，发现没有显著影响，其中一般转移支付对教育支出没有显著影响，而专项转移支付降低了教育支出比重。对农业支出的研究也有类似的结果，杨良松（2016）发现转移支付对地方农业支出的激励效用较小。尹振东和汤玉刚（2016）以农村义务教育经费保障机制改革为切入点，发现在“奖优”的机制设计下，义务教育专项补助可有效地激励地方政府加大基础教育支出，好的专项转移支付设计能改善地方政府支出行为扭曲。

针对转移支付影响地方政府财政支出行为的不同假说，许多学者着重于进一步探究其中的传导机制。毛捷等（2015）利用县级数据验证了财政转移支付对地方政府支出规模持续扩张的推动作用，并提出“价格效应”是其中的关键机理，印证了税收成本假说。吴敏等（2018）则从中国预算制度切入，研究认为在刚性的年度预算平衡制度下，转移支付的下拨时滞以及财政收入不确定性使得地方政府支出规模扩张。

2.3 地方政府财政收入行为的影响因素

地方政府财政支出行为是地方政府财政行为的主要方面之一，后者还包括财政收入行为和举债行为。财政支出行为、财政收入行为、举债行为构成了地方政府财政行为。在财政收入行为方面，既有研究主要关注税收征管行为。税收征管行为是公共经济学备受关注的重要主题，相关文献非常丰富。

2.3.1 税收征管的度量指标

税收征管行为主要是指税收征管力度的大小，然而，这往往难以准确度量（Desai 等，2007）。既有研究主要从宏观层面和微观层面刻画税收征管力度。

在宏观层面，税收征管力度主要通过以下三方面指标度量：一是税收努力程度，通过实际税收与潜在税收的比重来衡量（Lotz 和 Morss，1970；Bhal，1971；Mertens，2003；Xu，2010；胡祖铨等，2013；刘怡和刘维刚，2015）；二是税收征管效率，利用DEA方法、Malmquist指数、SFA方法等参数或非参数方法来测算（Charnes等，1979；吕冰洋和樊勇，2006；崔兴芳等，2006；吕冰洋和李峰，2007；龚志坚和鄢明海，2009；刘穷志等，2009；Aigner等，1977；Meeusen和Broech，1977；Battese和Corra，1977；陈工和陈习定，2009；李建军等，2012）；三是采用税务人员受教育年限、税务稽查概率等指标来反映（王剑锋，2008；周黎安等，2011；于文超等，2018）。

在微观层面，税收征管力度主要通过企业税负度量。地方政府税收征管力度是影响企业税负的重要因素。王晓渝和樊世明（2000）通过比较我国法定税率和实际税负，认为其差异产生的原因在于税收征管因素。Slemrod和Yitzhaki（2002）、Wilson（2009）、Chen等（2010）、Lennox等（2019）认为税收征管会提高查处概率、增加处罚成本等，从而减少企业逃税行为、提高企业有效税率。Moynihan等（2015）还提出税收征管会提高纳税遵从成本，从而导致企业税负上升。郭杰和李涛（2009）指出地方政府会通过降低税收征管力度来为企业减负。叶康涛和刘行（2011）、李建军（2013）、张玲和朱婷婷（2015）、陈晓光（2016）研究表明地区征管力度越大，越能够规范企业纳税行为、减少避税，往往会提高企业税负。

2.3.2 企业税负的度量指标

测算企业税负的国际通行办法是衡量企业有效税率，Plesko（2003）提出主要有平均有效税率和边际有效税率两类指标，Nicodème（2007）也全面地比较了利用国民账户测算的宏观平均有效税率、利用企业会计报表测算的微观平均有效税率、利用税收制度测算的边际有效税率，但是在具体运用中，由于各国税制差异，需要对税费内容和计税经济来源进行专门界定（胡文龙和杜莹芬，2014）。

目前，关于企业税负的测算，有企业总税负和重要税种税负（如企业所得税税负和增值税税负）分析两个角度（吕冰洋等，2020）。庞凤喜和刘畅（2017）认为微观税负既要考虑指标的合理性与可行性，又要显示指标的普遍适用性。

一是企业总税负分析，学界多采用扣除税收返还后支付的各项税费作为企业整体税负指标的分子项（吴祖光等，2013；胡奕明和买买提依明·祖农，2013），但是对于采用何种税基还未形成普适且可靠的指标来衡量。李林木和汪冲（2017）采用营业总收入作为企业总税费负担的分母。吴祖光和万迪昉（2012）提出，利用现金流量表提供的税收和收入、利润数据，可构建出比较可靠的企业税负计量指标。也有研究（汪德华和李琼，2015；陈晓光，2016；吕冰洋等，2020）认为，应采用企业增加值作为测算指标的分母。

二是关于企业增值税和企业所得税这样重要税种的税负分析，规范的说法一般称为有效税率。国内学者测算企业增值税税负主要通过增值税占企业增加值（陈晓光，2013；刘啟仁和黄建忠，2018）或营业收入（王玉兰和李雅坤，2014；范子英和彭飞，2017）的比重来衡量。关于我国企业所得税税负的已有研究中普遍采用所得税实际税率来衡量，吴联生（2009）总结指出企业所得税税负测算方法最早有五种（Stickney 和 McGee，1982；Zimmerman，1983；Porcano，1986；Shevlin，1990），均围绕递延所得税费用、所得税费用、息税前利润和法定税率来构建，之后也大多沿用以上指标来测算企业所得税税负（Derashid 和 Zhang，2003；Adhikari 等，2006；Richardson 和 Lanis，2007；吴文峰等，2009；李增福和徐媛，2010），而具体运用哪种方法需要结合企业实际采用的所得税会计方法来选取指标，近年来的研究中多简化为所得税费用占息税前利润的比重（罗党论和杨玉萍，2011；张敏等，2015；李明等，2016）。

2.3.3 以企业税负度量的税收征管水平的影响因素

大量文献关注到，财政分权程度、地区间税收竞争、税收弹性分成、转移支付、税收信息化建设、税制改革等因素通过影响税收征管力度进而改变企业税负水平。

第一，财政分权方面，学者从委托代理的视角分析分权程度对企业税负的关系。曹书军等（2009）利用制造业上市公司数据，研究表明地区分权程度与企业税负呈倒 U 型关系。马光荣和李力行（2012）考察了县级政府规模和地方治理因素对企业逃税的影响，认为政府规模过大、治理水平较低可能导致企业逃税行为。张敏等（2015）利用我国上市公司数据，得出地方政府分权上升会使上市公司的实际税负提高的结论。贾俊雪和应世为（2016）则认为，收入分权会降低实际税负、支出分权则会减少税收激励。

第二，地方政府为了吸引要素流入和企业投资，会通过提供较低税率、放松税收执法强度等手段实施税收竞争，导致企业税负相应下降（Dubin 等，1990；Slemrod 等，2001）。Besley 和 Case（1995）、Alejandro 等（2012）也提出地方政府会通过横向或纵向的税收竞争影响企业税负水平。杨龙见等（2014）构建空间计量模型，分析税收竞争与所得税税率、营业税税率的关系。田彬彬等（2017）利用模糊断点回归方法考察，得出地方政府会通过税收竞争来吸引流动性税基，降低了辖区内企业有效税率的结论。吴斌等（2019）发现地方政府税收竞争会导致产业集聚，而产业集聚与有效税率间存在 U 型非线性关系。

第三，由于我国分税制整体上实际是弹性分成系统（吕冰洋，2009；吕冰洋和聂辉华，2014），那么税收分成比例下降时，政府会降低征税努力程度和税收征管力度，从而企业税负下降。吕冰洋等（2016）通过实证研究发现，市县政府所得税和增值税分成比例的上升，会导致企业逃税下降、有效税率提高。

第四，地方政府也可能通过转移支付来调节辖区内企业税负，主要有两种传导途径：一方面，政府通过转移支付均衡地方财力会对地方财政努力产生负向激励，也就是中央转移支付减少则地方征税努力程度提高、企业税负上升以弥补财政缺口，即税收替代效应（Bahl，1971；

Gramlich，1987；张恒龙和陈宪，2006；吕冰洋和张凯强，2018）。另一方面，转移支付可以看作对税收竞争激烈地区的补贴，当地方政府提高税率而使税收流失较快时会得到一定的转移支付，相应地辖区企业实际税负会上升，即税收竞争效应（Köthenbürger，2002；Smart 和 Bird，2012）。李丹和裴育（2019）利用空间自回归模型，分析了国家扶贫县之间的税收竞争行为，得出转移支付导致扶贫县的营业税税收竞争反应系数产生差异的结论。

第五，税收信息化建设会提高税务局的信息掌握能力和税收征管水平，从而提高有效税率（Gordon 和 Li，2009；Lederman，2010；Casaburi 和 Troiano，2016）。Kleven 等（2011）通过对丹麦的税务实验，认为申报信息来源于第三方审计报告时几乎不存在纳税人逃税行为。Pomeranz（2013）通过对智利的税收试验，提出企业间交易的信息流促进了增值税税收征管执法，提高了企业税收遵从度。Ali 等（2015）、Fan 等（2018）也考察了增值税税控技术与企业税负的相关关系。国内学者也关注到信息化建设对税收征管能力对企业税负的影响，尤其是“金税三期工程”的准自然实验。金税工程利用信息网络技术实现了全国税务系统的信息共享，能够提高税务部门对企业财务信息的掌握程度，增强税收征管水平，最终提高企业有效税率。唐博和张凌枫（2019）、樊勇和李昊楠（2020）、李艳等（2020）、张克中等（2020）均利用双重差分法或三重差分法，得出金税三期工程显著提高了企业有效税率的结论。其他还包括陶东杰等（2018）引入纳税信用评级披露制度，利用 DID 模型分析发现纳税信息评级显著提高了企业税率。

第六，税制改革也是导致企业税负变动的关键因素，我国学者主要围绕 2002 年所得税分享改革、2005 年取消农业税改革、增值税转型改革、“营改增”改革、税收优惠政策等方面展开研究。

就 2002 年所得税分享改革而言，地方政府企业所得税分成比例由 100% 下降为 50%，进而下降至 40%，使得税收征管权与收益权分离，同时税收征管边际努力低于税收征管边际收益，导致税收努力程度下降

（吕冰洋，2009）。同时，国地税分别由中央政府和地方政府分管的征管体制，也导致税收努力程度产生差异（Ma，1997），从而地方政府税收竞争导致地税局管辖的企业逃税增加、税负下降。范子英和田彬彬（2013）、田彬彬和范子英（2016）利用双重差分法、断点回归方法证实了上述观点。此外，李明等（2018）利用2002年起新成立企业由国税局征管的政策冲击，识别出2002年之前成立的企业有效税率较低。

就增值税转型改革而言，企业能够抵扣新购进的固定资产，因而会降低企业的增值税负担。马双等（2019）利用2004年东北地区增值税转型改革研究发现受政策冲击的企业增值税税负有所下降，但长期效果不显著。万华林等（2013）则提出在改革导致增值税税负下降的同时，企业利润上升，所得税税负反而提高。进而，杨莎莉和张平竺（2014）利用2009年增值税全面转型改革进行DID回归，得出转型地区企业增值税税负呈显著下降趋势。

就2005年全国性取消农业税改革而言，地方政府一部分税基消失，从而财政压力上升、税收征管加大，导致企业税负提高（陈晓光，2016）。

就"营改增"改革而言，业内人士普遍认为其属于结构性减税政策，改善了重复征税问题，延长了上下游企业抵扣链条，简并税率，使得绝大部分行业企业税负下降（崔玉卫，2013；魏陆，2013；萧艳汾，2013）。范子英和彭飞（2017）基于产业互联的视角，利用三重差分法估计得出营改增后具备产业互联的企业税负下降明显。也有部分学者持反对意见，认为营改增减税效果并不显著，甚至出现部分行业企业税负增加现象。田志伟和胡怡建（2013）通过构建CGE模型，分析改革前后我国各行业两税税负的差异，得出长期来看部分行业的税负会逐步上升。王玉兰和李雅坤（2014）、王新红和云佳（2014）、王佩等（2014）均利用交通运输业的上市公司数据，实证研究得出营改增后企业税负不降反升，以及盈利水平也有可能下降的结果。谢静伊（2017）通过商业银行业的营改增减税效果，发现企业税负不降反增。然而，董根泰

(2016) 基于浙江省上市公司财务数据，发现营改增对营改增行业、制造业和建筑业的企业税负均没有显著影响。

就税收优惠政策而言，各种税收优惠对企业税负的影响也是学者研究的重点，包括先征后返、加计扣除等方式。Mintz（1990）分析认为资产折旧年限、免税期政策显著降低了企业有效税率。Botman（2010）通过比较分析不同税收优惠政策，提出免税期对企业投资、税收负担的影响最为显著，其他政策如降低税率、加速折旧等也会刺激对外投资。国内学者直接研究税收优惠、财政补贴对企业税负的影响文献较少，多集中于研发投入（何源等，2006；解维敏等，2008；邓子基和杨志宏，2011；梁彤缨等，2012；陆国庆等，2014；李昊洋等，2015；柳光强等，2015）、对外投资（聂辉华等，2009；黄志斌等，2014；曹越和陈文瑞，2017；刘啟仁等，2019）等方面。

另外，近年来，国内学者开始关注到税收计划或税收计划压力、经济增长目标的影响。白云霞等（2019）、薛伟和刘骏（2020）、田彬彬（2020）发现，税收计划或税收计划压力导致地方政府加强税收征管，从而导致地区企业税负提高。詹新宇等（2020）则认为，经济增长目标越高，辖区内企业有效税率越低。

2.3.4 企业税负的其他影响因素

除了地方政府税收征管行为影响企业税负，企业税负的影响因素还包括法定名义税率、经济因素、企业特征等。以下具体围绕这三方面影响因素进行综述。

(1) 法定名义税率

法定名义税率的变化本身会影响有效税率，其表现形式往往是税率调整等，例如 2008 年企业所得税名义税率从 33% 下降至 25%，导致企业有效税率相应下降。但 Gupata 和 Newberry（1997）通过对美国 86 项税改法案的研究，发现税改前后的企业税负存在显著差异。白默和刘志远（2010）研究了 2008 年企业所得税改革的政策效果，实证分析得出制造业企业税负明显下降。但是，王延明（2003）、李增福和徐媛（2010）等学者则估算出企业税负的变化对于法定税率的变动并不敏感，降低税率的税收政策作用有限，这其中的主要原因是税收优惠因素。

（2）经济发展水平、不同产业结构等经济因素

第一，经济发展水平是影响税收负担的重要因素。地区经济发展水平越高，税基越广泛，税收负担就可能越高。一般而言，发达地区企业税收负担高于欠发达地区。例如“西部大开发战略”对西部欠发达地区企业实行优惠税率，使得西部企业税负低于东部沿海地区。Buijink（2002）利用欧盟全球性企业的注册地数据，实证研究发现不同注册地的企业有效税率存在显著差异。姚君（2003）通过考察上市公司有效税率，认为东部地区企业税负显著高于中西部地区。杨永辉和司冠婷（2012）利用调查问卷分析指出，企业税负最主要受到地区差异和产业政策的影响。邓聪（2014）、蔡昌（2018）采用规模以上工业企业数据回归指出，地区差异、行业因素等是影响企业税负的主要因素之一。李建英等（2015）利用制造业上市公司数据，测度出企业所得税税负与所处地区密切相关。姜朋等（2017）采用泰尔指数法测算，指出东部直辖市企业税负最高，而西部、中部地区企业税负较低。刘书明和郭姣（2018）则指出东西部地区企业税负差异逐步下降，而中部区域内差异呈扩大趋势。孙强（2013）认为地区市场化程度对上市公司税负存在显著影响。也有学者研究的是经济发展因素对宏观税负的影响，进而传导到微观企业税负。董志勇和邓丽（2010）指出经济发展水平和产业结构是影响宏观税负的重要因素。许景婷和张兵（2011）、王琢（2012）认为经济发展水平是宏观税负的决定性因素，产业结构、区域差异、税收征管水平等属于一般影响因素。另外，经济政策的不确定性上升也可能会导致企业税提高（Dang 等，2019）。

第二，由于不同产业或行业的盈利状况存在差异，并且不同产业结构的特征和产业政策的实施力度也不同，导致企业税收负担往往也会因行业而异。Omer 等（1991）、Kim 等（1998）、Derashid 和 Zhang（2003）均提出，差异化产业政策是影响企业税负的重要因素。例如，房地产业利润相对较高，并且流转环节设置较多税种［包含企业所得税、土地增值税、增值税（原营业税）、城市维护建设税、教育费附加等］，保有环节还需要缴纳城镇土地使用税和房产税，涉及多个纳税环节；反观其他行业，如农林牧渔业本身适用税率较低，如高新技术产业、新兴产业、旅游业等受到较多税收优惠，从而形成差异化行业税收负担。孙玉栋（2006）通过测算各行业的税收负担，得出第一产业税负较轻而第三产业税负较重的结论。娄权（2007）、谭康（2008）、李志学和李红敏（2009）、李国平和张海莹（2010）、王素荣和徐明玉（2012）、周晓蓉等（2013）测算表明，房地产行业、采掘业的上市公司税负显著高于其他行业。杨娟娟（2010）认为煤炭行业税负较重，原因在于其需要重复计征增值税、资源税等多项税种。杜漪和陈东北（2009）、樊勇（2012）通过分析增值税转型改革对不同行业的影响，发现固定资产投资回报率较低、折旧年限较短的行业企业税负显著下降。林颖和马启明（2010）分析认为，由于享有较低税率、更多税收优惠，使得高新技术产业的税负低于其他产业。张伦俊和李淑萍（2012）也通过分析规模以上工业企业数据，表明企业税负差异主要体现在行业差别。

（3）企业特征

企业的财务特征本身会直接影响企业税负，包括盈利水平、资产密集度、财务杠杆等因素。

第一，就盈利水平而言，Zimmerman（1983）、Spooner（1986）等认为盈利水平对企业税负具有正向影响。李春瑜（2016）也得出上市公司盈利能力对企业税负产生正向影响的结论。刘建民等（2013）利用汽车制造业上市公司的财务数据，发现主营业务收入、净资产收益率等因素对税负产生正向影响，而主营业务成本、存货密集度等则与税负呈负相关关系。而 Wilkie（1988）、孙强（2013）、郑晓燕（2017）则实证回归得出盈利能力与企业税负负向相关的结论。

第二，资产密集度对企业税负的影响主要是在资本密集度、存货密集度两方面。由于固定资产折旧和无形资产摊销可以税前扣除，那么资本密集度越高可能导致企业税负越低。Gupta 和 Newberry（1997）、Adhikari 等（2006）、Richardson 和 Lanis（2007）、Ioannis 等（2019）均发现资本密集度会对企业税负产生负向影响。国内学者如吴联生（2009）、刘文宇（2015）、彭程等（2018）等也验证了上述观点。然而，也有学者验证指出资本密集度与企业税负的相关关系并不显著（厉庭炜，2015；王新安等，2014；Jan 等，2017）。

第三，财务杠杆对企业税负的影响主要存在两种传导途径。Stickney 和 McGee（1982）、Derashid 和 Zhang（2003）、Richardson 和 Lanis（2007）、曹书军和张婉君（2008）、Francisco 等（2014）、Onofrei 等（2018）认为财务杠杆高的企业税收负担较低，主要原因在于债务利息可以税前抵税而股利税后支付，债务的税盾作用一定程度上可以利息抵税，从而降低有效税率。也有学者认为，财务杠杆高的企业相对盈利能力也较强，使其利润率较高导致企业税负提高（李凯和刘昊，2011）。

第四，关于企业规模对实际税负的影响，目前文献中主要有两种不同的观点：一种观点认为规模较大的企业会受到更多的关注，避税的“政治成本”较高，导致其实际税率较高（Zimmerman，1983；Hanlon 等，2010）。Wilkie 和 Limberg（1990）、Kern 和 Morris（1992）、McIntyre 和 Nguyen（2000）、Vintila（2018）在政治成本假说的基础上，验证了上述正相关关系。王延明（2003）采用参数和非参数方法得出规模较大的上市公司企业所得税税负较高的结果。朴姬善（2005）、吴联生（2009）、薛爽等（2012）、曹志鹏和李倩（2014）、李晓红等（2015）、李建英等（2015）也利用我国上市公司数据得出规模较大的企业税负更高的结果。而另一种观点认为，规模较大的企业更有资源进行税收筹划和政治游说（Siegfried，1974；Tran，1998），从而实际税负较低。Porcano（1986）通过澳大利亚企业样本实证研究指出，企业税负与公司规模显著负相关。而后，Omer 等（1991）、Kim 和 Limpaphayom（1998）、Sagiri（2010）、Almas 等（2010）、Guiherme 等（2016）均得出相似结论。此外，也有研究认为企业税负与规模大小并不存在显著相关，例如 Shevlin 和 Porter（1992）、Mazon 和 Smith（1994）、Gupta 和 Newberry（1997）等。还有，Delgado 等（2019）利用非金融上市公司数据实证研究，发现企业税负与规模呈非线性关系。可以看出，当前企业规模与税负高低的关系尚无定论。

第五，当前中国的制度背景下，地方政府以及企业国有控股比例是影响企业税负的重要因素（刘行和李小荣，2012），也就是股权性质也会产生影响。相比于私营企业，国有企业可能承担了更多的政策性负担，导致名义税率相同的情况下整体税负相对较高（吴联生，2009）。但也有研究表明，国有控股比例越高，企业的游说能力越强，从而会降低企业税负（Derashid 和 Zhang，2003；Adhikari 等，2006；彭程等，2018）。另外，也有学者分析指出，国有控股比例和企业税负并不存在显著相关性（Miao 等，2009）。更进一步地，细分中央国企和地方国企可以发现，中央国企较少受到地方层层加码的财政收入压力，导致中央国企的税负低于地方国企（刘行和李小荣，2012；刘骏和刘峰，2014）。

第六，政企关联也会影响到企业的税收负担轻重。Raja 和 Zingales（2003）认为政企关系密切可能会使企业获得更多税收优惠，或者也可能受到更多政府干预，政企关联是解释企业税负的重要因素。Adhikari 等（2006）则通过实证指出，在马来西亚具有政企关联的企业税负较低。吴文锋等（2009）也研究得出，具有政府背景的企业高管更能够为企业带来政策性优惠，降低有效税率。李维安和徐业坤（2013）分析得出政治身份能够产生避税效应的结论。罗党论和杨玉萍（2013）、巴曙松和朱伟豪（2017）也围绕高管的政治关联对企业税负的影响展开了相关研究。

2.4　地方政府举债行为的影响因素

地方政府举债行为是地方政府财政行为的第三个方面。地方政府举债行为的影响因素，与财政支出行为、财政收入行为的影响因素有相似之处，包括财政分权、官员晋升等因素。

2.4.1　财政分权与金融分权

财政分权不仅可以直接影响地方政府举债意愿行为，而且由于财政分权能够影响地方政府的收支行为，从而间接影响地方政府的举债行为。杨十二和李尚蒲（2013）认为，财政分权是地方政府举债的内在激励。同时，地方政府干预当地金融部门所造成的金融分权，也为地方政府举债融资提供了便利（何德旭和苗文龙，2016）。财政分权与隐性金融分权都能促进地方政府举债行为，陈宝东和邓晓兰（2017）还发现财政分权对地方政府举债的正向影响也会被隐性金融分权增强。毛捷等（2019）则从制度层面进行解释，发现财政金融制度为地方政府举债带来了激励效用。

2.4.2　官员晋升

大量文献发现，官员晋升也是地方政府举债的一个主要原因。在以经济绩效为主的考核体系下，地方官员在晋升激励下为发展经济而举债。蒲丹琳和王善平（2014）发现，地方官员的晋升激励推高了投融资平台债务增长。缪小林和伏润民（2015）也表明，政绩利益环境对地方债务增长产生了显著影响。贾俊雪等（2017）将晋升激励分为增长绩效晋升激励、财政可持续晋升激励、民生性公共服务晋升激励三种，发现不同的晋升激励对地方债的影响也是不同的，其中增长绩效晋升激励具有促进作用，财政可持续晋升激励具有抑制作用，民生性公共服务晋升激励没有明确的影响。也有学者从晋升压力的视角解释城投债的规模扩张（曹婧等，2019）。

财政分权和官员晋升都影响地方政府举债行为，有学者同时研究二者的影响，如陈菁和李建发（2015）发现，财政分权与官员晋升激励均对城投债规模具有显著正向影响。也有学者研究了它们和其他因素一起对地方政府债务产生的影响。王叙果等（2012）研究发现，财政分权、官员晋升以及银行预算软约束共同导致地方政府依赖融资平台举债。

2.4.3 财政缺口与财政压力

为了加强宏观调控、缓解中央财力不足的困境，1994 年我国实行了分税制财政体制改革。这次改革大幅降低了地方财力，但事权却未减少，由此出现“财权上移、事权下移”的变化，从而导致地方出现财政缺口，进而使得地方政府被动负债（贾康和白景明，2002；马海涛和吕强，2004；杨志勇，2009；庞保庆和陈硕，2015）。但是也有文献得到了不同的结论，如黄春元和毛捷（2015）以转移支付为工具变量，发现财政缺口对地方债增长具有显著负向影响。

财政压力的因素也同样受到关注，但是通过不同的指标度量，得到的结论也有所不同。曹婧等（2019）以“营改增”改革作为地方财政压力的外生冲击，发现财政压力不是城投债扩张的主要原因。毛捷等（2020）以 2008 年企业所得税改革作为地方政府财政压力变动的自然实验，发现财政压力增大，刺激地方政府债务扩张。

2.4.4　土地财政等其他原因

土地财政对地方政府债务扩张具有促进作用（何杨和满燕云，2012；杨继东等，2018）。李一花和亓艳萍（2017）发现，土地财政收入增强了地方政府财政能力，从而显著推动了地方债扩张。以城投债为例，张莉等（2018）发现，土地出让收入能促进城投债的发行。另外，财政支出及支出偏向（缪小林，2015；肖叶，2020）、专项转移支付（钟辉勇和陆铭，2015）也是促进地方债务扩张的原因。

第 3 章

投资目标对财政支出规模的影响

3.1 引　　言

从全球范围来看，自第二次工业革命以来，世界主要国家的财政支出普遍保持长期上升态势。例如，从 1880 年到 2018 年，美国财政支出占 GDP 比重由 8% 提高到 37.8%，英国由 10% 提高到 41%，日本由 11% 提高到 38.8%。为什么财政支出会不断增长？什么因素影响财政支出？这是学术界一直都在探讨的重要主题。

早在 19 世纪 80 年代，德国经济学家瓦格纳（Wagner）提出，工业化推动了财政支出扩张，后人将其称为“瓦格纳法则”。此后，经济学家从经济、政治等多方面进行解释，提出了“多数投票规则增长论”（Tullock，1997）、“官员行为增长论”（Niskanen，1968）、“选举权扩大增长论”（Husted，1997）等一系列有影响力的学说。

同世界各国相似，中国的财政支出规模也曾经保持了长期的增长态势（参见图 3.1）。

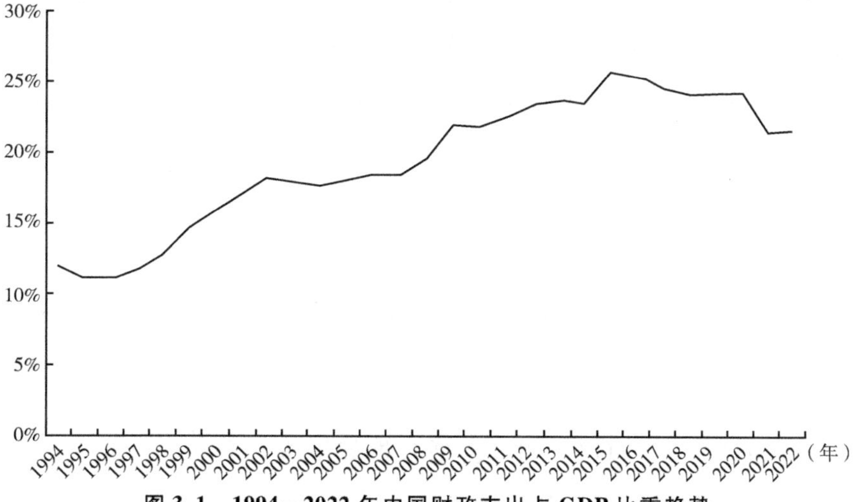

图 3.1　1994—2022 年中国财政支出占 GDP 比重趋势

如图 3.1 所示，中国的财政支出规模（财政支出占 GDP 比重）自 20 世纪 90 年代中期开始不断扩张，经过长达 20 年的增长之后，在 2015 年达到最高，由 1995 年的 11.1% 提高到 2015 年的 25.5%，财政支出规模翻了一番。此后，中国财政支出规模开始不断小幅下降，2022 年为 21.5%，比 2015 年下降了 4 个百分点。

既有文献主要从财政分权、官员晋升等角度解释中国财政支出的扩张，也有少量最新研究开始关注政府设定的经济增长目标对财政支出的影响，还没有关注到其对投资目标的影响。事实上，政府目标不仅包含经济增长目标，还有投资目标等。投资目标在地方政府所关注的发展目标体系中处于十分重要的位置，并且对财政支出具有较大的影响。原因在于：第一，相对于经济增长目标，投资目标更高，向下扩张性更强；第二，投资目标的考核权重很高，尤其是对于经济不发达地区，投资的考核权重可能更高，甚至高于经济增长目标考核；第三，投资目标对地方政府的影响更为直接。因此，研究投资目标对财政支出行为的影响具有重要的意义。本章通过理论模型和实证检验发现，投资目标提高，地方政府会显著扩大财政支出规模。

本章的结构安排如下：第一节是引言部分，说明投资目标影响财政支出规模的理论和现实基础；第二节是理论模型部分，通过数理模型推导投资目标与财政支出规模的关系；第三节是实证分析部分，通过计量分析检验投资目标对政府支出规模的影响；第四节是小结部分，对本章进行总结。

3.2 理论模型

本节在 Barro（1990）的经济增长框架下进行分析，并进一步引入投资目标，以此展开理论分析。

3.2.1　模型设定

假定家庭最大化终生效用 U，家庭的效用来自家庭消费，参考文献中常用设定，家庭效用函数如下所示：

$$U = \int_0^\infty \frac{(C)^{1-\sigma} - 1}{1-\sigma} e^{-\rho t} dt \tag{3.1}$$

其中，C 表示家庭消费，$\sigma > 0$ 表示相对风险规避系数，$\rho > 0$ 表示主观贴现率。

假定政府支出 G 对企业产出具有正外部性，从而政府支出 G 进入企业生产函数，借鉴 Barro（1990）的生产函数设定，企业生产函数为如下 Cobb－Douglas 函数形式：

$$Y = AK^{\alpha} G^{1-\alpha} \tag{3.2}$$

其中，Y 表示产出，A 表示技术水平，K 表示私人资本存量，α 表示私人资本的产出弹性。

产出最终用于家庭消费、私人投资（资本存量的增量）与政府支出，因此，私人投资（资本存量的增量）的运动方程为：

$$\dot{K} = I = Y - G - C \tag{3.3}$$

假定政府收入来自对企业的产出征税，税率为 τ，从而政府收支恒等式为：

$$G = \tau Y \tag{3.4}$$

假定政府每期期初都会设定投资目标 γ，其与实际投资增长率 γ_I 的偏差为 ε，那么：

$$\gamma_I = \gamma + \varepsilon \tag{3.5}$$

在理想情况下，偏差 $\varepsilon = 0$。

3.2.2　模型求解

结合 3.2、3.4 两式，可以得到生产函数为：

$$Y = A^{\frac{1}{\alpha}}\tau^{\frac{1-\alpha}{\alpha}}K \tag{3.6}$$

结合3.3、3.4、3.6三式，可以得到资本存量的运动方程为：

$$\dot{K} = (1-\tau)A^{\frac{1}{\alpha}}\tau^{\frac{1-\alpha}{\alpha}}K - C \tag{3.7}$$

为了求解模型的最优化问题，建立如下汉密尔顿函数：

$$H = \frac{(C)^{1-\sigma}-1}{1-\sigma} + \lambda[(1-\tau)A^{\frac{1}{\alpha}}\tau^{\frac{1-\alpha}{\alpha}}K - C] \tag{3.8}$$

求解汉密尔顿函数，可以分别得到如下一阶条件和欧拉方程：

$$C^{-\sigma} = \lambda \tag{3.9}$$

$$\dot{\lambda} = \lambda\rho - \frac{\partial H}{\partial K} = \lambda[\rho - (1-\tau)A^{\frac{1}{\alpha}}\tau^{\frac{1-\alpha}{\alpha}}] \tag{3.10}$$

由此，可得到消费的实际增长率 γ_C 为：

$$\gamma_C = \frac{\dot{C}}{C} = \frac{1}{-\sigma}[\rho - (1-\tau)A^{\frac{1}{\alpha}}\tau^{\frac{1-\alpha}{\alpha}}] \tag{3.11}$$

在均衡状态下，消费、投资的实际增长率相等，从而有：

$$\gamma_I = \gamma_C = \frac{1}{-\sigma}[\rho - (1-\tau)A^{\frac{1}{\alpha}}\tau^{\frac{1-\alpha}{\alpha}}] \tag{3.12}$$

结合3.4、3.5、3.12三式，可以得到：

$$\left(1-\frac{G}{Y}\right)A^{\frac{1}{\alpha}}\left(\frac{G}{Y}\right)^{\frac{1-\alpha}{\alpha}} - \sigma(\gamma+\varepsilon) - \rho = 0 \tag{3.13}$$

3.13式表明，投资目标 γ 会影响政府支出占比 G/Y。为了更为直观地展示影响大小，本书记3.13式等号左边的函数为 F，根据隐函数求导公式，可以分别得到政府支出占比 G/Y 关于投资目标 γ 的导数：

$$\frac{d(G/Y)}{d\gamma} = -\frac{F_\gamma}{F_{\frac{G}{Y}}} = \frac{\sigma\alpha}{A^{\frac{1}{\alpha}}(G/Y)^{\frac{1-2\alpha}{\alpha}}(1-\alpha-G/Y)} \tag{3.14}$$

由3.14式可以看出，投资目标 γ 对政府支出占比 G/Y 的影响大小与相对风险规避系数 σ、技术水平 A、资本的产出弹性 α、政府支出占比 G/Y 等因素有关。

由于 $(1-\alpha-G/Y)$ 的符号不确定，投资目标 γ 对政府支出占比 G/Y 的影响方向取决于 $(1-\alpha-G/Y)$ 的符号。具体来讲：

当 $1-\alpha-G/Y>0$ 时，即当 $G/Y<1-\alpha$ 时，$\frac{d(G/Y)}{d\gamma}>0$；当 $1-\alpha-G/Y<0$ 时，即当 $G/Y>1-\alpha$ 时，$\frac{d(G/Y)}{d\gamma}<0$。

这意味着，当政府支出占比在一定范围内，投资目标提高会使得政府增加支出；当政府支出占比过高时，投资目标提高会使得政府减少支出。原因可能在于，在其他条件不变的情况下，为了增加投资、促进增长，政府既可以增加支出以加强对投资和生产的促进作用，还可以减少税收（从而减少支出）以降低对投资和生产的抑制作用。当政府支出占比处于较低水平时，税收对投资和生产的抑制作用也较弱（宏观税负较低），为了实现更高的投资目标，政府更需要直接增加支出来促进生产和投资；当政府支出占比过高时，税收对投资和生产的抑制作用也过强（宏观税负过高），为了实现更高的投资目标，政府更需要降低宏观税负以减弱对投资和生产的抑制作用，从而支出也要降低。

因此，总结投资目标对政府支出占比的影响，本书可以得到以下命题：投资目标对政府支出占比的影响与政府支出占比有关。当政府支出占比在一定范围内，投资目标提高会使得政府增加支出；当政府支出占比过高时，投资目标提高会使得政府减少支出。

3.3 实证分析

前文从理论上分析了投资目标对政府支出规模的影响，现实中是否如此呢？本书接下来进行实证分析。

3.3.1 计量模型

本章采取的实证策略是：以地级市层面的政府支出规模为被解释变

量，以地方政府设定的投资目标为核心解释变量，通过适用于面板数据的固定效应模型，实证分析投资目标对政府支出规模的影响。

使用固定效应模型的理由在于：第一，投资目标是地方政府在年初召开的地方两会上已经确定，而政府支出规模是地方政府根据投资目标、经济形势、财政状况等因素决定，在年终才最终确定，因此，政府支出规模不太可能会反向影响地级市政府设定的投资目标，从而由反向因果导致的内生性问题较小。第二，固定效应模型可以剔除不可观测的地区因素、时间因素等方面的影响。

实证模型设定如下：

$$G_{i,t} = \alpha + \beta \cdot invtarget_{i,t} + \phi \cdot X_{i,t} + \mu_i + \nu_t + \varepsilon_{i,t} \tag{3.15}$$

其中：i 表示地区（地级市）；t 表示时间（年份）；$G_{i,t}$为被解释变量，表示地级市 i 在第 t 年的地方政府财政支出规模，用地方政府支出占地区 GDP 的比重度量；$invtarget_{i,t}$为核心解释变量，表示地级市 i 在第 t 年的投资目标；$X_{i,t}$为一系列控制变量，参考文献中的常用设定，包括经济发展水平、产业结构、城镇化率、人口密度；α 是常数项；μ_i、ν_t 分别是地区、时间固定效应；$\varepsilon_{i,t}$是随机扰动项；标准误聚类到地级市层面。β、ϕ 分别表示核心解释变量、控制变量的系数。

我们主要关注核心解释变量的系数 β 的符号和显著性：如果 β 显著为正，表明投资目标对地方政府财政支出规模具有显著正向影响；如果 β 显著为负，表明投资目标对地方政府财政支出规模具有显著负向影响；如果 β 不显著，表明投资目标对地方政府财政支出规模没有显著影响。

本书使用地级市层面的数据，地方政府财政支出规模数据来自 CEIC 数据库。投资增长目标数据大部分来自地级市政府工作报告，少部分通过年度国民经济和社会发展规划报告补充。其他数据来自 CEIC 数据库、《中国城市统计年鉴》、《全国地市县财政统计资料汇编》、《中国税务年鉴》、《中国区域经济统计年鉴》等。各变量具体说明如下：

第一，被解释变量。实证分析的被解释变量为地方政府财政支出规模，地方政府财政支出规模通过财政支出占 GDP 的比重（*fisexp_gdp*）度量。

第二，核心解释变量。本书的核心解释变量是地级市层面的投资目标（*invtarget*）。该目标通常是地方政府在年初召开的地方两会上向社会公布，并进一步将目标任务层层分解下发到各部门和各下级政府，从而影响地方政府的支出行为。

第三，控制变量。其一，经济发展水平。经济发展水平是影响地方政府财政支出规模的重要变量，参考既有文献常用设定，我们使用人均实际 GDP 的对数（*lngdppc*）衡量。其二，产业结构。产业结构影响经济发展水平和财政状况，从而影响地方政府财政支出规模，参考既有文献常用设定，我们通过第二产业增加值占 GDP 的比重（*sec_gdp*）衡量。其三，城镇化率。城镇化率（*urban*）影响地方政府市政建设，从而影响地方政府财政支出规模。其四，人口密度。人口密度也影响地方政府支出行为，参考既有文献常用设定，我们对人口密度取对数（*lndensity*）处理。

相关变量的描述性统计参见表 3.1。

表 3.1　各变量的描述性统计

变量	指标含义	(1) 样本数	(2) 均值	(3) 标准差	(4) 最小值	(5) 最大值
fisexp_gdp	财政支出占 GDP 比重	4407	0.162	0.085	0.049	0.625
invtarget	固定资产投资目标	4022	0.2	0.081	0.004	0.6
lngdppc	经济发展水平	4405	10.16	0.805	7.601	12.28
sec_gdp	产业结构	4442	0.482	0.11	0.148	0.91
urban	城镇化率	4044	0.356	0.189	0.028	1
lndensity	人口密度（取对数）	3811	5.725	0.930	1.548	8.689

3.3.2　基准回归结果

本章通过以上说明的数据和变量对实证模型 3.15 进行估计，相关回归结果参见表3.2。表3.2的第（1）列是不加入控制变量，仅控制双向固定效应的结果，投资目标的系数为正，并且在1%的统计水平下显著，表明投资目标促进地方政府提高财政支出规模。第（2）列是加入控制变量，运用OLS方法（普通最小二乘法）而不控制双向固定效应的估计结果，投资目标的系数依然为正，并且在1%的统计水平下显著，再次表明投资目标将促进地方政府提高财政支出规模。第（3）列是加入控制变量，同时采用FE方法控制双向固定效应的估计结果，投资目标的系数为正，并且在1%的统计水平下显著，依然表明投资目标促进地方政府提高财政支出规模。具体来讲，在平均水平上，投资目标每提高1个百分点，政府支出占GDP的比重将显著提高0.06个百分点。

表3.2 基准回归结果

变量	(1) FE *fisexp_gdp*	(2) OLS *fisexp_gdp*	(3) FE *fisexp_gdp*
invtarget	0.042*** (0.013)	0.052*** (0.017)	0.06*** (0.012)
lngdppc		0.015*** (0.002)	-0.034*** (0.011)
sec_gdp		-0.233*** (0.013)	0.08** (0.039)
urban		-0.103*** (0.007)	0.003 (0.012)
lndensity		-0.033*** (0.002)	-0.003 (0.004)
常数项	0.156*** (0.003)	0.333*** (0.02)	0.465*** (0.104)
地区固定效应	控制	—	控制
时间固定效应	控制	—	控制
样本量	3963	3332	3330
R - squared	0.892	0.308	0.902

注：括号内为聚类稳健标准误，标准误聚类在地级市层面，*、**和***分别代表在10%、5%和1%水平下显著。

3.3.3　稳健性检验

本节将考虑一系列可能影响实证结果的因素，以检验结论的稳健性、可信性。

（1）替换核心解释变量

基准回归的核心解释变量是地级市的投资目标，这一指标受上级目标、本地经济社会发展阶段、经济形势等因素的影响，为了剔除这些因素的影响，本书计算了地级市与所在省的投资目标的差值，将这个差值变量作为核心解释变量（*gap_citypro*），替换地级市投资目标重新估计，回归结果可见表 3.3。第（1）列是替换核心解释变量后，不加入控制变量，仅控制双向固定效应的结果，*gap_citypro* 的系数为正，并且在 5% 的统计水平下显著，表明地级市在所在省投资目标的基础上提高自身的投资目标，将显著促进地方政府增加财政支出规模。具体而言，地级市的投资目标每高于所在省的投资目标 1 个百分点，地级市政府财政支出占 GDP 比重平均显著提高 0.037 个百分点。第（2）列是加入控制变量，并且控制双向固定效应的估计结果，*gap_citypro* 的系数依然为正，并且在 1% 的统计水平下显著，依然表明地级市在所在省投资目标的基础上提高自身的投资目标，将显著促进地方政府增加财政支出规模。具体而言，地级市的投资目标每高于所在省的投资目标 1 个百分点，地级市政府财政支出占 GDP 比重平均显著提高 0.043 个百分点。因此，替换核心解释变量，并不改变基准回归结果，证明了结论的稳健性和可信性。

（2）控制地区竞争

地区竞争对地方政府行为也会产生较大影响。一方面，地方政府目标会因地区竞争而受兄弟辖区目标的影响；另一方面，地方政府财政支出也与地区竞争有关。参考许敬轩等（2020）的设定，地级市竞争程度通过省内地级市数量（*city_no*）表示。控制地区竞争后的回归结果见表3.3第（3）列。可以看出，在控制地区竞争因素后，投资目标的系数依然为正，并且在1%的统计水平下显著，平均而言，投资目标每提高1个百分点，财政支出占GDP的比重会显著提高0.066个百分点。这与基准结果非常相近，说明控制地区竞争后，基准结果仍是成立的，并且是稳健的。

表3.3　替换核心解释变量和控制地区竞争的回归结果

变量	(1) *fisexp_gdp*	(2) *fisexp_gdp*	(3) *fisexp_gdp*
gap_citypro	0.037** (0.014)	0.043*** (0.014)	
invtarget			0.066*** (0.012)
lngdppc		-0.03*** (0.011)	-0.029** (0.011)
sec_gdp		0.088** (0.039)	0.063 (0.04)
urban		0.005 (0.012)	0.003 (0.012)
lndensity		-0.001 (0.004)	-0.002 (0.003)
city_no			-0.012*** (0.005)
常数项	0.162*** (0.0004)	0.42*** (0.099)	0.579*** (0.109)
地区固定效应	控制	控制	控制
时间固定效应	控制	控制	控制
样本量	3884	3276	3330
R-squared	0.895	0.904	0.903

注：括号内为聚类稳健标准误，标准误聚类在地级市层面，*、**和***分别代表在10%、5%和1%水平下显著。

（3）控制财政分权

财政分权会深刻影响地方政府行为。一方面，财政分权会影响地方政府发展经济的积极性，从而影响投资目标设定；另一方面，财政分权会影响地方政府的财政收入，从而影响财政支出规模。为此，我们在基准回归基础上进一步控制财政分权变量。

吕冰洋等（2017）认为，财政收入分配是财政分权的核心，并测算了各级政府税收分成比例、一般公共预算收入分成比例及各税种分成比例，以此度量各级政府的财政分权程度。本书直接引用吕冰洋等（2017）测算的市县政府的税收分成比例（某省市县政府实际收到的税收收入/该省实现的税收收入总额，*pttax*）和一般公共预算分成比例（某省市县政府实际收到的一般公共预算收入/该省实现的一般公共预算收入总额，*ptin*），将这两个变量分别加入实证模型，实证结果分别参见表3.4第（1）（2）两列。

表3.4第（1）列是在基准模型中加入市县政府税收分成比例（*pttax*）的回归结果。可以得到，在控制市县政府税收分成比例之后，投资目标的系数依然为正，并且在1%的统计水平下显著，平均而言，投资目标每提高1个百分点，财政支出占GDP的比重平均显著提高0.066个百分点。这与基准结果基本相同。第（2）列是在基准模型中加入市县政府一般公共预算收入分成比例（*pttin*）的回归结果，可以看出，与第（1）列的控制市县政府税收分成比例的实证结果相同，投资目标提高，地方政府会显著增加财政支出规模。具体来讲，投资目标每提高1个百分点，财政支出占GDP的比重会平均显著提高0.076个百分点。这说明，无论是控制市县政府税收分成比例，还是控制市县政府一般公共预算分成比例，对基准结果均没有影响。

本章还参考已有文献（陈硕和高琳，2012；白俊红和聂亮，2017），通过财政自主度（一般公共预算收入/一般公共预算支出，*fiszzd*）来度量财政分权。为此，在基准模型中加入财政自主度，回归结果参见表3.4第（3）列。可以看出，投资目标的系数依然为正，并且在1%的统计水平下显著，平均而言，投资目标每提高1个百分点，财政支出占GDP的比重平均显著提高0.053个百分点。这表明控制财政自主度对基准结果并没有太大的影响，进一步支持了结论的稳健性。

因此，无论是以何种指标度量财政分权，控制该因素后，基准结果仍是存在的，表明基准结论是稳健的、可信的。

表3.4 控制财政分权的回归结果

变量	(1) 控制市县政府 税收分成比例 *fisexp_gdp*	(2) 控制市县政府一般 公共预算收入分成比例 *fisexp_gdp*	(3) 控制财政自主度 *fisexp_gdp*
invtarget	0.066*** (0.011)	0.076*** (0.011)	0.053*** (0.012)
lngdppc	-0.03** (0.012)	-0.023** (0.01)	-0.024** (0.011)
sec_gdp	0.138*** (0.039)	0.117*** (0.035)	0.076* (0.04)
urban	0.024*** (0.009)	0.013 (0.009)	0.003 (0.012)
lndensity	-0.004* (0.003)	-0.002 (0.003)	-0.004 (0.004)
pttax	-0.009 (0.021)		
ptin		-0.001 (0.025)	
fiszzd			-0.079*** (0.018)
常数项	0.383*** (0.109)	0.299*** (0.1)	0.41*** (0.101)
地区固定效应	控制	控制	控制
时间固定效应	控制	控制	控制
样本量	2185	2565	3330
R - squared	0.921	0.909	0.905

注：括号内为聚类稳健标准误，标准误聚类在地级市层面，*、**和***分别代表在10%、5%和1%水平下显著。

（4）控制官员特征

不少学者认为，地方官员在地方政府行为中发挥了巨大影响，而在中国政治运行体系中，市委书记作为地方领导人，其特征对地级市各项政府决策具有重要影响。一方面，市委书记深度参与地方政府包括目标设定在内的发展规划，市委书记特征会影响投资目标；另一方面，市委书记决定地方政府的施政方向，市委书记特征对地方政府财政支出规模也有重要影响。遵循文献中的常用做法，本书考虑市委书记的晋升、年龄、任期这三个特征的影响。

参考曹婧等（2019），本书通过市委书记是否处于特定年龄段（55—58 岁）度量官员晋升压力，并将其加入实证模型，回归结果参见表 3.5 第（1）列，控制变量为 *sjpro*，如果市委书记处于特定年龄段，则 $sjpro = 1$，否则为 0。可以看出，控制官员晋升压力之后，投资目标的系数依然为正，并且在 1% 的统计水平下显著，平均而言，投资目标每提高 1 个百分点，财政支出占 GDP 的比重平均显著提高 0.055 个百分点。这说明，控制官员晋升压力不影响结论的稳健性，投资目标对财政支出规模依然具有显著正向影响。

市委书记是否处于特定年龄段（55—58 岁）只是市委书记年龄的一个特殊区间，既有文献也关注市委书记年龄本身对地方政府行为的影响。为此，本书进一步控制市委书记年龄的影响，回归结果见表 3.5 第（2）列，变量为 *sjage*。可以看出，控制官员年龄之后，投资目标的系数与控制市委书记晋升的结果几乎完全相同，也与基准结果基本相同，投资目标的系数依然为正，并且在 1% 的统计水平下显著，平均而言，投资目标每提高 1 个百分点，财政支出占 GDP 的比重平均显著提高 0.055 个百分点。这说明，控制官员年龄不影响结论的稳健性，投资目标对财政支出规模依然具有显著正向影响。

市委书记的任期是影响市委书记决策和地方政府行为的另一个重要因素。本书也尝试控制市委书记任期的影响，实证结果参见表 3.5 第

（2）列，变量为 *sjtenure*。可以看出，控制官员任期之后，投资目标的系数与控制市委书记晋升、年龄的结果相近，也与基准结果相近，投资目标的系数依然为正，并且在 1% 的统计水平下显著，平均而言，投资目标每提高 1 个百分点，财政支出占 GDP 的比重平均显著提高 0.06 个百分点。这说明，控制官员任期不影响结论的稳健性，投资目标对财政支出规模依然具有显著正向影响。

因此，无论是何种官员特征，控制该因素后，基准结果仍是存在的，投资目标提高，地方政府均会显著增加财政支出规模。这表明控制官员特征，对基准结果并没有太大的影响。

表 3.5　　控制官员特征的回归结果

变量	(1) 控制官员晋升压力 *fisexp_gdp*	(2) 控制市委书记年龄 *fisexp_gdp*	(3) 控制市委书记的任期 *fisexp_gdp*
invtarget	0.055*** (0.012)	0.055*** (0.012)	0.06*** (0.012)
lngdppc	-0.032*** (0.01)	-0.032*** (0.01)	-0.034*** (0.011)
sec_gdp	0.066** (0.031)	0.066** (0.031)	0.08** (0.039)
urban	0.003 (0.012)	0.003 (0.012)	0.003 (0.012)
lndensity	-0.002 (0.004)	-0.002 (0.004)	-0.003 (0.004)
sjpro	0.001 (0.001)		
sjage		1.39e-05 (0.0002)	
sjtenure			4.94e-05 (0.0003)
常数项	0.442*** (0.095)	0.441*** (0.1)	0.464*** (0.104)

续表

变量	(1) 控制官员晋升压力 *fisexp_gdp*	(2) 控制市委书记年龄 *fisexp_gdp*	(3) 控制市委书记的任期 *fisexp_gdp*
地区固定效应	控制	控制	控制
时间固定效应	控制	控制	控制
样本量	3293	3293	3325
R - squared	0.905	0.905	0.902

注：括号内为聚类稳健标准误，标准误聚类在地级市层面，* 、** 和 *** 分别代表在 10% 、5% 和 1% 水平下显著。

（5）控制省固定效应与年份固定效应的交互项

地级市层面的政府支出规模可能受到省政府的制度、政策、改革的影响，为了剔除这些影响，本书进一步控制省固定效应与年份固定效应的交互项，实证结果参见表 3.6 第（1）列。可以看出，控制省固定效应与年份固定效应的交互项后，投资目标的系数依然为正，并且在 5% 的统计水平下显著，平均而言，投资目标每提高 1 个百分点，财政支出占 GDP 的比重会显著提高 0.031 个百分点。这与基准结果基本相同，表明基准结论是稳健的、可信的。

（6）工具变量法估计

尽管前文考虑了一系列可能影响基准结果的因素，并且验证了结论的稳健性，但仍可能存在潜在的内生性问题，接下来考虑通过工具变量（Instrumental Variable）法估计投资目标对政府支出规模的影响。参考既有文献常用设定方法，本书选择将省内其他市投资目标的均值作为某市投资目标的工具变量，理由在于：第一，某地级市投资目标与省内其他地级市投资目标的均值存在较强的相关关系：某地级市投资目标既可能受省内其他地级市投资目标的影响，也可能受所在省投资目标的影响，满足相关性假设；第二，省内其他地级市投资目标并不直接影响某地级市的政府支出规模，而只能通过该地级市投资目标来发挥作用，满足外生性假设。

表3.6第（2）列报告了工具变量方法估计的结果。可以看到，F统计量为70.56，远大于10，表明不存在弱工具变量的问题。由表3.6第（2）列可以得到，投资目标的系数依然为正，并且在5%的统计水平下显著，平均而言，投资目标每提高1个百分点，财政支出占GDP的比重会平均显著提高0.029个百分点。这与基准回归结果基本一致，再次表明基准结论是稳健的。

表3.6 控制省固定效应与年份固定效应交互项和工具变量法估计的回归结果

变量	(1) 控制省固定效应与年份固定效应交互项 *fisexp_gdp*	(2) 工具变量法估计 *fisexp_gdp*
invtarget	0.031** (0.014)	0.029** (0.014)
lngdppc	-0.04*** (0.014)	-0.04*** (0.014)
sec_gdp	0.064 (0.052)	0.064 (0.052)
urban	-0.002 (0.011)	-0.002 (0.011)
lndensity	-0.004 (0.003)	-0.004 (0.003)
常数项	0.54*** (0.126)	
地区固定效应	控制	控制
时间固定效应	控制	控制
省份与年份固定效应交互项	控制	控制
F值	—	70.56
样本量	3305	3305
R-squared	0.932	0.026

注：括号内为聚类稳健标准误，标准误聚类在地级市层面，*、**和***分别代表在10%、5%和1%水平下显著。

（7）考虑城市级别的影响

地方政府支出规模还可能受城市级别的影响。在中国的城市中，除直辖市外，副省级城市（包含计划单列市）和省会城市是两种特殊的城市。副省级城市比普通地级市的级别高，在财政体制、管理权限等方面有较大差异。省会城市由于地位特殊，往往得到省政府更大的支持，并且省会城市的市委书记通常由省委常委担任，比普通地级市市委书记的级别要高，获得资源的能力更强。因此，城市级别可能影响基准结果。为此，本书进一步考虑变换数据样本，在基准回归样本中分别剔除副省级城市、省会城市、副省级城市和省会城市的样本，实证结果参见表 3.7。

表 3.7 第（1）列是非副省级城市样本的回归结果，可以看出，去除副省级城市样本后，投资目标的系数依然为正，并且在 1% 的统计水平下显著，平均而言，投资目标每提高 1 个百分点，财政支出占 GDP 的比重平均显著提高 0.058 个百分点。这与基准结果基本相同，表明副省级城市对实证结论没有影响。

表 3.7 第（2）列是非省会城市样本的回归结果。可以看到，剔除省会城市的回归结果与第（1）列剔除副省级城市样本的回归结果非常接近，并且也与基准回归结果相近，投资目标的系数依然为正，并且在 1% 的统计水平下显著，平均而言，投资目标每提高 1 个百分点，财政支出占 GDP 的比重平均显著提高 0.058 个百分点。表明省会城市对实证结论没有影响，基准结论仍然存在，即投资目标提高，地方政府会显著增加财政支出规模。

进一步地，本章把副省级城市和省会城市样本同时剔除掉，回归结果参见表 3.7 第（3）列。可以看到，剔除副省级城市和省会城市后，投资目标的系数依然为正，并且在 1% 的统计水平下显著，平均而言，投资目标每提高 1 个百分点，财政支出占 GDP 的比重平均显著提高 0.059 个百分点。这与基准结果基本相同，表明副省级城市和省会城市对实证结论没有影响。

因此，无论是剔除副省级城市，还是剔除省会城市，抑或是副省级城市和省会城市均被剔除，投资目标对财政支出规模的影响均显著为正，这说明城市级别对实证结论没有影响，再一次证实了结论的稳健性。

表 3.7 考虑城市级别的回归结果

变量	(1) 非副省级城市样本 *fisexp_gdp*	(2) 非省会城市样本 *fisexp_gdp*	(3) 非副省级城市或省会城市样本 *fisexp_gdp*
invtarget	0.058 *** (0.012)	0.06 *** (0.013)	0.059 *** (0.013)
lngdppc	-0.041 *** (0.011)	-0.039 *** (0.012)	-0.041 *** (0.012)
sec_gdp	0.078 ** (0.039)	0.071 * (0.04)	0.072 * (0.04)
urban	0.009 (0.013)	0.011 (0.013)	0.012 (0.013)
lndensity	-0.006 * (0.003)	-0.004 (0.003)	-0.004 (0.003)
常数项	0.546 *** (0.109)	0.525 *** (0.112)	0.547 *** (0.114)
地区固定效应	控制	控制	控制
时间固定效应	控制	控制	控制
样本量	3161	3001	2959
R - squared	0.903	0.903	0.904

注：括号内为聚类稳健标准误，标准误聚类在地级市层面，*、** 和 *** 分别代表在 10%、5% 和 1% 水平下显著。

3.3.4 异质性分析

本节的异质性分析主要考察是否完成目标、新时代前后对实证结果的影响。

(1) 是否完成目标的异质性

直觉上来讲，地方政府财政支出行为受投资目标影响的程度与是否完成目标有关。对于完成投资目标的地方政府而言，投资目标对地方政府财政支出规模的影响可能较强；而对于未完成投资目标的地方政府而言，投资目标的影响可能较弱，甚至不存在。为此，本书根据实际投资增速是否大于投资目标，将样本分为完成目标组和未完成目标组，重新进行实证估计，回归结果参见表 3.8。

表 3.8 第（1）列是完成目标样本的回归结果。可以看到，对于完成目标的样本而言，投资目标的系数依然为正，并且在 1% 的统计水平下显著，平均而言，投资目标每提高 1 个百分点，财政支出占 GDP 的比重平均显著提高 0.088 个百分点，这一效应大于基准回归中全部样本的效应（0.06），表明对完成目标的地方政府而言，投资目标提高，地方政府会显著增加财政支出规模，并且这一效果较之全部样本更强。

表 3.8 第（2）列是未完成目标样本的回归结果。可以看到，对于未完成目标的样本而言，投资目标的系数依然为正，并且在 5% 的统计水平下显著，平均而言，投资目标每提高 1 个百分点，财政支出占 GDP 的比重平均显著提高 0.044 个百分点，这一效应小于基准回归中全部样本的效应（0.06），表明对未完成目标的地方政府而言，投资目标提高，地方政府虽然仍会比较显著地增加财政支出规模，但是这一影响小于完成目标的地方政府。

对比是否完成目标的这两列结果，可以发现，投资目标影响财政支出的程度与地方政府是否完成目标有关。在完成目标的样本中，投资目标对财政支出规模的影响程度更强，而在未完成目标的样本中，投资目标虽然对财政支出规模仍有较为显著的正向影响，但是影响程度相对较弱。

表 3.8　　完成目标样本的回归结果

变量	(1) 完成目标样本 *fisexp_gdp*	(2) 未完成目标样本 *fisexp_gdp*
invtarget	0.088*** (0.014)	0.044** (0.018)
lngdppc	-0.021* (0.011)	-0.05*** (0.012)
sec_gdp	0.11*** (0.041)	0.044 (0.042)
urban	0.006 (0.01)	-0.019 (0.014)
lndensity	0.001 (0.003)	-0.01 (0.01)
常数项	0.279*** (0.101)	0.723*** (0.125)
地区固定效应	控制	控制
时间固定效应	控制	控制
样本量	2045	1244
R - squared	0.910	0.940

注：括号内为聚类稳健标准误，标准误聚类在地级市层面，*、** 和 *** 分别代表在 10%、5% 和 1% 水平下显著。

（2）新时代前后的异质性

从党的十八大开始，中国特色社会主义进入新时代，相应地，我国政府的施政目标从推动经济发展转向推动协调发展、推进“五位一体”。在财政支出方面的表现是，地方政府扩大财政支出不再是单纯为了推动经济发展，而是要推动各方面事业发展。因此，新时代之后，地方政府即使面对较高的投资目标，也很难再像过去那样扩大财政支出规模，而是注重转变政府职能、优化财政支出结构。为此，将样本分为新时代之前和新时代之后，分别观察新时代之前和新时代之后投资目标对财政支出规模的影响。

表 3.9 报告了新时代前后投资目标对财政支出规模的回归结果。第（1）列是新时代之前的回归结果。可以看到，新时代之前，投资目标的系数依然为正，并且在 1% 的统计水平下显著，平均而言，投资目标每提高 1 个百分点，财政支出占 GDP 的比重平均显著提高 0.077 个百分点，这一效应大于基准回归中全部样本的效应（0.06），表明新时代之前，投资目标提高，地方政府会显著增加财政支出规模，并且这一效果更强。第（2）列是新时代之后的回归结果。可以看到，新时代之后，投资目标的系数不再显著，表明新时代之后，投资目标对地方政府财政支出规模没有显著影响。

对比新时代前后的这两列结果，可以发现，投资目标影响财政支出规模的程度与新时代前后有关。在新时代之前，投资目标对财政支出规模具有显著正向影响，且影响效应更强，而在新时代之后，投资目标将不再显著影响财政支出规模。

表 3.9　　新时代前后的回归结果

变量	(1) 新时代之前 *fisexp_gdp*	(2) 新时代之后 *fisexp_gdp*
invtarget	0.077 *** (0.011)	-0.039 (0.03)
lngdppc	-0.019 * (0.01)	-0.053 ** (0.021)
sec_gdp	0.101 *** (0.033)	-0.093 * (0.05)
urban	-0.004 (0.008)	-0.028 * (0.015)
lndensity	-0.002 (0.003)	0.01 (0.01)
常数项	0.272 *** (0.096)	0.77 *** (0.211)
地区固定效应	控制	控制
时间固定效应	控制	控制
样本量	2309	1017
R - squared	0.913	0.963

注：括号内为聚类稳健标准误，标准误聚类在地级市层面，* 、** 和 *** 分别代表在 10% 、5% 和 1% 水平下显著。

3.3.5 进一步分析

根据前文分析，投资目标会影响地方政府的支出规模。那么，地方政府的支出规模对实际投资水平会有什么影响呢？为此，本书将地方政府的支出规模作为核心解释变量（*fisexp_gdp*），将实际投资水平作为被解释变量，通过双向固定效应模型重新进行实证估计，其中，实际投资水平通过实际投资增速（*invgrowth*）、投资占 GDP 的比重（*inv_gdp*）这两个指标度量。

表 3.10 报告了地方政府财政支出规模对实际投资水平影响的回归结果。第（1）列的被解释变量是实际投资增速，可以看到，财政支出规模的系数为正，并且在 10% 的统计水平下显著，平均而言，财政支出占 GDP 比重每提高 1 个百分点，实际投资增速平均显著提高 0.361 个百分点。第（2）列的被解释变量是投资占 GDP 比重，可以看到，财政支出规模的系数为正，并且在 1% 的统计水平下显著，平均而言，财政支出占 GDP 比重每提高 1 个百分点，投资占 GDP 比重平均显著提高 1.136 个百分点。

因此，无论被解释变量是实际投资增速，还是投资占 GDP 的比重，核心解释变量（财政支出占 GDP 比重）的系数均显著为正，表明地方政府财政支出规模提高，会显著提高实际投资水平。这也就不难理解投资目标对政府支出规模的显著正向影响了。

表 3.10 地方政府支出对投资增速和投资占 GDP 比重的影响的回归结果

变量	(1) *invgrowth*	(2) *inv_gdp*
fisexp_gdp	0.361** (0.161)	1.136*** (0.229)
lngdppc	-0.028 (0.039)	0.052 (0.048)

续表

变量	(1) *invgrowth*	(2) *inv_gdp*
sec_gdp	0.159 (0.106)	0.711*** (0.142)
urban	0.031 (0.039)	0.028 (0.056)
lndensity	0.012 (0.015)	-0.002 (0.02)
常数项	0.305 (0.383)	-0.396 (0.494)
地区固定效应	控制	控制
时间固定效应	控制	控制
样本量	3574	3662
R - squared	0.328	0.754

注：括号内为聚类稳健标准误，标准误聚类在地级市层面，*、** 和 *** 分别代表在 10%、5% 和 1% 水平下显著。

3.4 小　结

本章主要通过理论模型和实证分析研究投资目标对地方政府财政支出规模的影响。在理论模型部分，本章构建了关于投资目标和政府支出的数理模型，推导得到：投资目标对政府支出占比的影响与政府支出占比有关：当政府支出占比在一定范围内时，投资目标提高会使得政府增加财政支出；当政府支出占比过高时，投资目标提高会使得政府减少支出。在实证分析部分，本章基于地级市面板数据，通过双向固定效应模型发现，投资目标提高，地方政府会显著增加财政支出规模。平均而言，投资目标每提高 1 个百分点，政府支出占 GDP 的比重将显著提高 0.06 个百分点。这一结论在替换核心解释变量、控制地区竞争、控制财政分权、控制官员特征（包括晋升压力、年龄、任期）、运用工具变量法估计、考虑城市级别等一系列因素之后仍是稳健的，但在以是否完成目标、新时代前后分组的样本中呈现出异质性。进一步地，本书还考察了政府支出规模对实际投资水平（通过投资增速和投资占 GDP 比重两个指标度量）的影响，发现：财政支出占比提高，会显著提高实际投资水平。

第 4 章

投资目标对生产性支出的影响

4.1 引　　言

改革开放四十多年来，中国经济取得了举世瞩目的伟大成就。学界普遍认为，地方政府发挥了非常关键的重要作用。在中国特色的社会主义制度下，地方政府具有很强的积极性推动经济增长。在财政支出结构方面，我国长期存在、为学界所普遍认同的一个突出特点是：地方政府偏好生产性支出（如基础设施建设投资），轻视民生性支出（傅勇和张晏，2007；尹恒和朱虹，2011；马光荣等，2019）。既有文献主要从财政分权或税收分成（傅勇和张晏，2007；Jia 等，2014；马光荣等，2019）、晋升激励（周黎安，2004；Li 和 Zhou，2005；尹恒和朱虹，2011）等方面进行解释，而较少关注政府目标的影响。

政府目标是政府凝聚共识、调动资源、动员各方面力量的重要手段。在实践中，目标往往会与政绩考核相挂钩，它会层层分解到各部门和各下级政府，并进一步落实到具体组织和人，这使得各级政府都要贯彻落实目标，有些地方甚至签订“目标责任书”或“目标责任状”来保证目标实现。这样，各级政府的各项工作都会围绕推动目标实现而展开。

在政府所设定的目标中，投资目标对生产性支出具有直接影响。面对较高的投资目标及其考核，地方政府将努力推动投资目标实现，将招商引资作为重中之重，而要吸引更多的投资和项目，地方政府就需具备完善的市政公用设施和创造良好的投资环境，因此在财政支出结构方面，地方政府就要大力加强基础设施建设投资等生产性支出。本章通过理论模型和实证检验发现，如果投资目标提高，地方政府就会增加生产性支出占比。

本章的结构安排如下：第一节是引言部分，介绍本章的研究背景，引出本章的主题；第二节是理论模型部分，通过数理模型揭示投资目标与生产性支出的关系；第三节是实证分析部分，通过计量分析检验投资目标对生产性支出的影响；第四节是小结部分，对本章进行总结。

4.2 理论模型

本节在第3章理论模型的基础上，进一步放松假设条件，假设只有生产性支出进入生产函数，且仅占全部政府支出的一部分，并进一步引入投资目标，以此展开理论分析。

4.2.1 模型设定

假定家庭最大化终生效用 U，家庭的效用来自家庭消费，参考文献中常用设定，家庭效用函数如下所示：

$$U = \int_0^\infty \frac{(C)^{1-\sigma} - 1}{1 - \sigma} e^{-\rho t} dt \tag{4.1}$$

其中，C 表示家庭消费，$\sigma > 0$ 表示相对风险规避系数，$\rho > 0$ 表示主观贴现率。

假定政府生产性支出 G_I 对企业产出具有正外部性，从而生产性支出 G_I 进入企业生产函数，借鉴 Barro（1990）的生产函数设定，企业生产函数为如下 Cobb – Douglas 函数形式：

$$Y = AK^\alpha G_I^{1-\alpha} \tag{4.2}$$

其中，Y 表示产出，A 表示技术水平，K 表示私人资本存量，α 表示私人资本的产出弹性。

假定生产性支出 G_I 占政府总支出 G 的比重为 ϕ，即：

$$G_I = \phi G \tag{4.3}$$

产出最终用于家庭消费、私人投资（资本存量的增量）与政府支出（包括生产性支出和民生性支出），因此，私人投资（资本存量的增量）的运动方程为：

$$\dot{K} = I = Y - G - C \tag{4.4}$$

假定政府收入来自对企业的产出征税，税率为 τ，从而政府收支恒等式为：

$$G = \tau Y \tag{4.5}$$

假定政府每期期初都会设定投资目标 γ，其与实际投资增长率 γ_I 的偏差为 ε，那么：

$$\gamma_I = \gamma + \varepsilon \tag{4.6}$$

在理想情况下，偏差 $\varepsilon = 0$。

4.2.2　模型求解

结合 4.2、4.3、4.5 三式，可以得到生产函数为：

$$Y = A^{\frac{1}{\alpha}} \phi^{\frac{1-\alpha}{\alpha}} \tau^{\frac{1-\alpha}{\alpha}} K \tag{4.7}$$

结合 4.4、4.5、4.7 三式，可以得到资本存量的运动方程为：

$$\dot{K} = (1 - \tau) A^{\frac{1}{\alpha}} \phi^{\frac{1-\alpha}{\alpha}} \tau^{\frac{1-\alpha}{\alpha}} K - C \tag{4.8}$$

为了求解模型的最优化问题，建立如下汉密尔顿函数：

$$H = \frac{(C)^{1-\sigma} - 1}{1 - \sigma} + \lambda\left[(1 - \tau) A^{\frac{1}{\alpha}} \phi^{\frac{1-\alpha}{\alpha}} \tau^{\frac{1-\alpha}{\alpha}} K - C\right] \tag{4.9}$$

求解汉密尔顿函数，可以分别得到如下一阶条件和欧拉方程：

$$C^{-\sigma} = \lambda \tag{4.10}$$

$$\dot{\lambda} = \lambda\rho - \frac{\partial H}{\partial K} = \lambda\left[\rho - (1 - \tau) A^{\frac{1}{\alpha}} \phi^{\frac{1-\alpha}{\alpha}} \tau^{\frac{1-\alpha}{\alpha}}\right] \tag{4.11}$$

由此，可得到消费的实际增长率 γ_C 为：

$$\gamma_C = \frac{\dot{C}}{C} = \frac{1}{-\sigma}\left[\rho - (1 - \tau) A^{\frac{1}{\alpha}} \phi^{\frac{1-\alpha}{\alpha}} \tau^{\frac{1-\alpha}{\alpha}}\right] \tag{4.12}$$

在均衡状态下，消费、投资的实际增长率相等，从而有：

$$\gamma_I = \gamma_C = \frac{1}{-\sigma}\left[\rho - (1 - \tau) A^{\frac{1}{\alpha}} \phi^{\frac{1-\alpha}{\alpha}} \tau^{\frac{1-\alpha}{\alpha}}\right] \tag{4.13}$$

结合 4.5、4.6、4.13 三式，可以得到：

$$\left(1-\frac{G}{Y}\right)A^{\frac{1}{\alpha}}\phi^{\frac{1-\alpha}{\alpha}}\left(\frac{G}{Y}\right)^{\frac{1-\alpha}{\alpha}}-\sigma(\gamma+\varepsilon)-\rho=0 \tag{4.14}$$

4.14 式表明，投资目标 γ 会影响生产性支出占比 ϕ。为了更为直观地展示影响大小，本书记 4.14 式等号左边的函数为 F，根据隐函数求导公式，可以得到生产性支出占比 ϕ 关于投资目标 γ 的导数：

$$\frac{d\phi}{d\gamma}=-\frac{F_{\gamma}}{F_{\phi}}=\frac{\sigma\alpha}{(1-\alpha)(1-G/Y)A^{\frac{1}{\alpha}}\phi^{\frac{1-2\alpha}{\alpha}}(G/Y)^{\frac{1-\alpha}{\alpha}}} \tag{4.15}$$

由 4.15 式可以看出，投资目标 γ 对生产性支出占比 ϕ 的影响大小与相对风险规避系数 σ、技术水平 A、资本的产出弹性 α、政府支出占比 G/Y、生产性支出占比 ϕ 等因素有关。

由 4.15 式容易看出，生产性政府支出占比 ϕ 关于投资目标 γ 的导数 $\frac{d\phi}{d\gamma}>0$。这意味着，当投资目标 γ 提高时，政府也会提高生产性支出占比 ϕ。原因很容易理解，政府生产性支出 G_I 不仅直接刺激经济，而且对企业生产也具有正外部性，为了实现更高的投资目标，政府需要提高生产性支出占比。

总结投资目标对政府生产性支出占比的影响，本书可以得到以下命题：投资目标对政府生产性支出占比具有正向影响。

4.3 实证分析

前文从理论上得到投资目标对政府生产性支出具有正向影响，现实中是否如此呢？本章接下来进行实证分析。

4.3.1 计量模型

本章采取的实证策略是：以地级市层面的政府生产性支出为被解释

变量，以地方政府设定的投资目标为核心解释变量，通过适用于面板数据的固定效应模型，实证分析投资目标对生产性支出的影响。使用固定效应模型的理由在于：第一，投资目标是地方政府在年初召开的地方两会上已经确定，而生产性支出在年终才最终确定，因此，生产性支出不太可能会反向影响地级市政府设定的投资目标，从而由反向因果导致的内生性问题较小。第二，固定效应模型可以剔除不可观测的地区因素、时间因素等方面的影响。

实证模型设定如下：

$$GI_{i,t} = \alpha + \beta \cdot invtarget_{i,t} + \phi \cdot X_{i,t} + \mu_i + \nu_t + \varepsilon_{i,t} \tag{4.16}$$

其中：i 表示地区（地级市）；t 表示时间（年份）；$GI_{i,t}$为被解释变量，表示地级市 i 在第 t 年的地方政府生产性支出，限于数据的可得性，本书用地方政府基建投资占地方政府支出的比重度量；$invtarget_{i,t}$为核心解释变量，表示地级市 i 在第 t 年的投资目标；$X_{i,t}$为一系列控制变量，参考文献中的常用设定，包括经济发展水平、产业结构、城镇化率、人口密度；α 是常数项；μ_i、ν_t 分别是地区、时间固定效应；$\varepsilon_{i,t}$是随机扰动项；标准误聚类到地级市层面。β、ϕ 分别表示核心解释变量、控制变量的系数。我们主要关注核心解释变量的系数 β 的符号和显著性：如果 β 显著为正，表明投资目标对地方政府生产性支出占比具有显著正向影响；如果 β 显著为负，表明投资目标对地方政府生产性支出占比具有显著负向影响；如果 β 不显著，表明投资目标对地方政府生产性支出占比没有显著影响。

本书使用地级市层面的数据。对于生产性支出的度量，比较清晰、明确的指标反映在 2007 年财政收支分类改革之前的基本建设支出中，然而在改革后的支出分类体系下，基本建设支出类不再保留，而是按支出功能归入到相应科目，这使得难以通过分类科目度量生产性支出。考虑到政府生产性支出主要用于市政公用设施等基础设施建设，政府的基础设施建设投资可以作为生产性支出的度量指标。幸运的是，由国家住房和城乡建设部（原建设部）出版的《中国城市建设统计年鉴》统计了城市市政公用设施水平、市政公用设施建设固定资产投资等指标，其中城市市政公用设施建设固定资产投资来源于国家预算资金（国家财政拨款）或地方预算资金（地方财政拨款），国家预算资金比地方预算资金多了中央在该地区的财政拨款，它也可能受地方目标与向中央争取支持的影响，稳妥起见，本章使用这两个指标度量政府的生产性支出，如无特殊说明，下文分别简记为大口径地方政府基建投资、小口径地方政府基建投资。

投资增长目标数据大部分来自地级市政府工作报告，少部分通过年度国民经济和社会发展规划报告补充。其他数据来自 CEIC 数据库、《中国城市统计年鉴》、《全国地市县财政统计资料汇编》、《中国税务年鉴》、《中国区域经济统计年鉴》等。各变量具体说明如下：

第一，被解释变量。实证分析的被解释变量为地方政府生产性支出，分别通过大口径地方政府基建投资占财政支出比重（*inv_state_fisexp*）和小口径地方政府基建投资占财政支出比重（*inv_local_fisexp*）衡量。

第二，核心解释变量。本书的核心解释变量是地级市层面的投资目标（*invtarget*）。该目标通常是地方政府在年初召开的地方两会上向社会公布，并进一步将目标任务层层分解下发到各部门和各下级政府，从而影响地方政府的生产性支出。

第三，控制变量。其一，经济发展水平。经济发展水平是影响地方政府生产性支出的重要变量，参考既有文献常用设定，通过人均实际 GDP 的对数（*lngdppc*）衡量。其二，产业结构。产业结构影响经济发展水平和财政状况，从而影响地方政府生产性支出占比，参考既有文献常用设定，我们通过第二产业增加值占 GDP 的比重（*sec_gdp*）衡量。其三，城镇化率。城镇化率（*urban*）影响地方政府市政建设，从而影响地方政府生产性支出。其四，人口密度。人口密度不仅影响当地经济发展，也决定当地市政建设，从而影响地方政府生产性支出，参考既有文献常用设定，我们对人口密度取对数（*lndensity*）处理。

相关变量的描述性统计参见表 4.1。

表 4.1 各变量的描述性统计

变量	指标含义	(1) 样本数	(2) 均值	(3) 标准差	(4) 最小值	(5) 最大值
inv_state_fisexp	大口径地方政府基建投资占财政支出比重	4446	0.036	0.047	0	0.34
inv_local_fisexp	小口径地方政府基建投资占财政支出比重	4446	0.033	0.045	0	0.324
invtarget	固定资产投资目标	4022	0.2	0.081	0.004	0.6
lngdppc	经济发展水平	4405	10.16	0.805	7.601	12.28
sec_gdp	产业结构	4442	0.482	0.11	0.148	0.91
urban	城镇化率	4044	0.356	0.189	0.028	1
lndensity	人口密度（取对数）	3811	5.725	0.930	1.548	8.689

4.3.2 基准回归结果

本章通过以上数据和变量对实证模型 4.16 进行估计，相关回归结果可参见表 4.2。

表 4.2 的第（1）（2）（3）列是被解释变量为大口径地方政府基建投资占财政支出的比重（*inv_state_fisexp*）的估计结果。其中，第（1）列是不加入控制变量，仅控制双向固定效应的结果，投资目标的系数为正，并且在 1% 的统计水平下显著，表明投资目标对大口径地方政府基建投资占财政支出的比重具有显著正向影响。第（2）列是加入控制变量，运用 OLS 方法（普通最小二乘法）而不控制双向固定效应的估计结果，投资目标的系数依然为正，并且在 1% 的统计水平下显著，再次表明投资目标对大口径地方政府基建投资占财政支出的比重具有显著正向影响。第（3）列是加入控制变量，同时采用 FE 方法控制双向固定效应的估计结果，投资目标的系数为正，并且在 1% 的统计水平下显著，依然表明投资目标对大口径地方政府基建投资占财政支出的比重具有显著正向影响，具体来讲，在平均水平上，投资目标每提高 1 个百分点，大口径地方政府基建投资占财政支出的比重将显著

提高 0. 037 个百分点。

表 4. 2 的第（4）（5）（6）列是被解释变量为小口径地方政府基建投资占财政支出的比重（*inv_local_fisexp*）的估计结果。其中，第（4）列是不加入控制变量，仅控制双向固定效应的结果，投资目标的系数为正，并且在 1% 的统计水平下显著，表明投资目标对小口径地方政府基建投资占财政支出的比重具有显著正向影响。第（5）列是加入控制变量，运用 OLS 方法（普通最小二乘法）而不控制双向固定效应的估计结果，投资目标的系数依然为正，并且在 1% 的统计水平下显著，再次表明投资目标对小口径地方政府基建投资占财政支出的比重具有显著正向影响。第（6）列是加入控制变量，同时采用 FE 方法控制双向固定效应的估计结果，投资目标的系数为正，并且在 1% 的统计水平下显著，依然表明投资目标对小口径地方政府基建投资占财政支出的比重具有显著正向影响，具体来讲，在平均水平上，投资目标每提高 1 个百分点，大口径地方政府基建投资占财政支出的比重将显著提高 0. 035 个百分点。

因此，无论被解释变量是大口径地方政府基建投资占财政支出的比重，还是小口径地方政府基建投资占财政支出的比重，核心解释变量（投资目标）的系数均显著为正，表明投资目标促进地方政府提高生产性支出占比。

表 4. 2　　　　基准回归结果

变量	(1)	(2)	(3)	(4)	(5)	(6)
	大口径地方政府基建投资占财政支出比重			小口径地方政府基建投资占财政支出比重		
	FE	OLS	FE	FE	OLS	FE
	invstate_fisexp	*invstate_fisexp*	*invstate_fisexp*	*invlocal_fisexp*	*invlocal_fisexp*	*invlocal_fisexp*
invtarget	0. 037*** (0. 012)	0. 025*** (0. 01)	0. 04*** (0. 012)	0. 034*** (0. 011)	0. 028*** (0. 009)	0. 035*** (0. 011)
lngdppc		0. 003** (0. 001)	0. 026*** (0. 009)		0. 004*** (0. 001)	0. 019** (0. 009)

续表

变量	(1)	(2)	(3)	(4)	(5)	(6)
	大口径地方政府基建投资占财政支出比重			小口径地方政府基建投资占财政支出比重		
	FE	OLS	FE	FE	OLS	FE
	invstate_fisexp	*invstate_fisexp*	*invstate_fisexp*	*invlocal_fisexp*	*invlocal_fisexp*	*invlocal_fisexp*
sec_gdp		0.047 *** (0.008)	0.037 (0.026)		0.048 *** (0.008)	0.052 ** (0.025)
urban		0.06 *** (0.005)	0.006 (0.013)		0.053 *** (0.005)	0.01 (0.013)
lndensity		0.0090 *** (0.001)	-0.013 (0.014)		0.009 *** (0.001)	-0.012 (0.012)
常数项	0.028 *** (0.002)	-0.086 *** (0.012)	-0.18 (0.13)	0.026 *** (0.002)	-0.104 *** (0.011)	-0.125 (0.119)
地区固定效应	控制	—	控制	控制	—	控制
时间固定效应	控制	—	控制	控制	—	控制
样本量	3989	3343	3341	3988	3341	3339
R - squared	0.433	0.119	0.484	0.427	0.122	0.473

注：括号内为聚类稳健标准误，标准误聚类在地级市层面，*、** 和 *** 分别代表在 10%、5% 和 1% 水平下显著。

4.3.3　稳健性检验

本节将通过替换核心解释变量、考虑财政支出分类改革、控制财政分权、控制官员特征、运用工具变量法估计、考虑城市级别等方式，检验结论的稳健性、可信性。

（1）替换核心解释变量

地级市的投资目标可能受上级目标、本地经济社会发展阶段、经济形势等因素的影响，为了剔除这些因素的影响，本节计算了地级市与所在省的投资目标的差值，将这个差值变量（*gap_citypro*）作为核心解释变量，替换地级市投资目标重新估计，回归结果见表 4.3。

表4.3的第（1）（2）（3）列是被解释变量为大口径地方政府基建投资占财政支出的比重的估计结果。其中，第（1）列是不加入控制变量，仅控制双向固定效应的结果，地级市与所在省的投资目标的差值的系数为正，并且在1%的统计水平下显著，表明地级市在所在省投资目标的基础上提高自身的投资目标，大口径地方政府基建投资占财政支出的比重也将随之显著提高。第（2）列是加入控制变量，运用OLS方法（普通最小二乘法）而不控制双向固定效应的估计结果，地级市与所在省的投资目标的差值的系数依然为正，并且在5%的统计水平下显著，再次表明地级市在所在省投资目标的基础上提高自身的投资目标，大口径地方政府基建投资占财政支出的比重也将随之显著提高。第（3）列是加入控制变量，同时采用FE方法控制双向固定效应的估计结果，地级市与所在省的投资目标的差值的系数为正，并且在1%的统计水平下显著，依然表明地级市在所在省投资目标的基础上提高自身的投资目标，大口径地方政府基建投资占财政支出的比重也将随之显著提高，具体来讲，在平均水平上，地级市在所在省投资目标的基础上每提高自身投资目标1个百分点，大口径地方政府基建投资占财政支出的比重将显著提高0.061个百分点。

表4.3的第（4）（5）（6）列是被解释变量为小口径地方政府基建投资占财政支出的比重的估计结果。其中，第（4）列是不加入控制变量，仅控制双向固定效应的结果，地级市与所在省的投资目标的差值的系数为正，并且在1%的统计水平下显著，表明地级市在所在省投资目标的基础上提高自身的投资目标，小口径地方政府基建投资占财政支出的比重也将随之显著提高。第（5）列是加入控制变量，运用OLS方法（普通最小二乘法）而不控制双向固定效应的估计结果，地级市与所在省的投资目标的差值的系数依然为正，并且在5%的统计水平下显著，再次表明地级市在所在省投资目标的基础上提高自身的投资目标，小口径地方政府基建投资占财政支出的比重也将随之显著提高。第（6）列是加入控制变量，同时采用FE方法控制双向固定效应的估计结果，地

级市与所在省的投资目标的差值的系数为正，并且在 1% 的统计水平下显著，依然表明地级市在所在省投资目标的基础上提高自身的投资目标，小口径地方政府基建投资占财政支出的比重也将随之显著提高，具体来讲，在平均水平上，地级市在所在省投资目标的基础上每提高自身投资目标 1 个百分点，小口径地方政府基建投资占财政支出的比重将显著提高 0.053 个百分点。

因此，无论被解释变量是大口径地方政府基建投资占财政支出的比重，还是小口径地方政府基建投资占财政支出的比重，在替换核心解释变量后，地级市与所在省的投资目标的差值的系数均显著为正，表明地级市在所在省投资目标的基础上提高自身的投资目标，将显著促进地方政府增加生产性支出占比。

表 4.3　替换核心解释变量的回归结果

变量	(1)	(2)	(3)	(4)	(5)	(6)
	大口径地方政府基建投资占财政支出比重			小口径地方政府基建投资占财政支出比重		
	FE	OLS	FE	FE	OLS	FE
	invstate_fisexp	*invstate_fisexp*	*invstate_fisexp*	*invlocal_fisexp*	*invlocal_fisexp*	*invlocal_fisexp*
gap_citypro	0.057*** (0.016)	0.029** (0.014)	0.061*** (0.014)	0.048*** (0.014)	0.026** (0.013)	0.053*** (0.014)
lngdppc		0.002* (0.001)	0.028*** (0.009)		0.004*** (0.001)	0.021** (0.009)
sec_gdp		0.049*** (0.01)	0.039 (0.026)		0.051*** (0.008)	0.054** (0.025)
urban		0.062*** (0.005)	0.006 (0.013)		0.054*** (0.005)	0.011 (0.014)
lndensity		0.008*** (0.001)	-0.013 (0.014)		0.008*** (0.0008)	-0.012 (0.013)
常数项	0.034*** (0.0004)	-0.079*** (0.011)	-0.192 (0.131)	0.032*** (0.0004)	-0.095*** (0.011)	-0.141 (0.123)
地区固定效应	控制	—	控制	控制	—	控制
时间固定效应	控制	—	控制	控制	—	控制
样本量	3908	3288	3286	3907	3286	3284
R - squared	0.436	0.119	0.486	0.429	0.121	0.475

(2) 考虑财政支出分类改革

2007 年，财政支出分类改革将财政支出按支出用途分类改为按职能分类，在改革后的支出分类体系下，原基本建设支出类不再保留，而是按支出功能归入相应科目，这使得难以通过最新的分类科目度量生产性支出，不少文献通过 2007 年之前的数据计算生产性支出比重。如马光荣等（2019）利用 2007 年之前地级市基建支出等数据计算了两个口径的生产性支出占比，本书借鉴这两种度量方法，重新计算生产性支出占比，计算方法如下：

较小口径的生产性支出占比：

$$prodr1 = \frac{\text{基本建设支出}}{\text{财政支出}}$$

较大口径的生产性支出占比：

$$prodr2 = \frac{\text{基本建设支出} + \text{农林水气支出}}{\text{财政支出}}$$

将以上两个口径的生产性支出占比分别作为被解释变量，回归结果见表 4.4 的第（1）（2）两列。第（1）列是被解释变量为较小口径生产性支出占比的估计结果，可以看出，投资目标的系数为正，并且在 1% 的统计水平下显著，表明投资目标提高，将显著增加较小口径的生产性支出占比。具体来讲，在平均水平上，投资目标每提高 1 个百分点，较小口径的生产性支出占比将显著提高 0.041 个百分点。第（2）列是被解释变量为较大口径生产性支出占比的估计结果，可以看出，投资目标的系数为正，并且在 5% 的统计水平下显著，表明投资目标提高，将显著增加较大口径的生产性支出占比。具体来讲，在平均水平上，投资目标每提高 1 个百分点，较大口径的生产性支出占比将显著提高 0.035 个百分点。

进一步地，本章再将基准回归中的样本缩短为 2007 年以来的数据，重新进行实证估计，结果见表 4.4 的第（3）（4）两列。第（3）列是被解释变量为大口径地方政府基建投资占财政支出的比重的估计结果，可以看出，运用 2007 年以来的数据后，投资目标的系数为正，并且在 5% 的统计水平下显著，表明投资目标对大口径地方政府基建投资占财政支出的比重具有显著正向影响，具体来讲，在平均水平上，投资目标每提高 1 个百分点，大口径地方政府基建投资占财政支出的比重将显著提高 0.028 个百分点。第（4）列是被解释变量为小口径地方政府基建投资占财政支出的比重的估计结果，可以看出，运用 2007 年以来的数据后，投资目标的系数为正，并且在 5% 的统计水平下显著，表明投资目标对小口径地方政府基建投资占财政支出的比重具有显著正向影响，具体来讲，在平均水平上，投资目标每提高 1 个百分点，小口径地方政府基建投资占财政支出的比重将显著提高 0.024 个百分点。

因此，即使考虑财政支出分类改革，投资目标的系数依然均显著为正，表明如果投资目标提高，地方政府就会显著增加生产性支出占比。这与基准结果基本相同，再次证实了基准结论是稳健的。

表 4.4　　考虑财政支出分类改革的回归结果

变量	(1) *prodr1*	(2) *prodr2*	(3) *invstate_fisexp*	(4) *invlocal_fisexp*
invtarget	0.041*** (0.012)	0.035** (0.015)	0.028** (0.012)	0.024** (0.011)
lngdppc	0.018** (0.009)	0.019* (0.011)	0.028*** (0.011)	0.026** (0.011)
sec_gdp	0.058** (0.028)	-0.024 (0.032)	0.032 (0.028)	0.037 (0.028)
urban	0.039** (0.02)	0.02 (0.021)	0.003 (0.013)	0.004 (0.013)
lndensity	-0.0003 (0.004)	0.001 (0.008)	-0.002 (0.005)	-0.003 (0.006)
常数项	-0.159 (0.099)	-0.055 (0.118)	-0.267** (0.113)	-0.24** (0.111)
地区固定效应	控制	控制	控制	控制
时间固定效应	控制	控制	控制	控制
样本量	773	773	2525	2524
R - squared	0.901	0.885	0.544	0.534

注：括号内为聚类稳健标准误，标准误聚类在地级市层面，*、** 和 *** 分别代表在 10%、5% 和 1% 水平下显著。

（3）控制财政分权

大量研究发现，财政分权影响地方政府发展经济的积极性，这既会影响地方政府设定的投资目标大小，也会影响地方政府的生产性支出占比。为此，我们在基准回归基础上进一步控制财政分权变量。

本节首先直接引用吕冰洋等（2017）测算的市县政府的税收分成比例（某省市县政府实际收到的税收收入/该省实现的税收收入总额）和一般公共预算分成比例（某省市县政府实际收到的一般公共预算收入/该省实现的一般公共预算收入总额），分别将这两个变量作为财政分权加入实证模型，实证结果参见表 4.5。

表 4.5 第（1）（2）两列是在基准模型中加入市县政府税收分成比例的回归结果。可以看到，在控制市县政府税收分成比例之后，被解释变量无论是大口径地方政府基建投资占财政支出的比重，还是小口径地方政府基建投资占财政支出的比重，投资目标的系数均为正，且在 5% 统计水平下显著。平均而言，投资目标每提高 1 个百分点，大口径地方政府基建投资占财政支出的比重显著提高 0.037 个百分点，小口径地方政府基建投资占财政支出的比重显著提高 0.035 个百分点。

表 4.5 第（3）（4）两列是在基准模型中加入市县政府一般公共预算收入分成比例的回归结果。可以看到，在控制市县政府一般公共预算收入分成比例之后，被解释变量无论是大口径地方政府基建投资占财政支出的比重，还是小口径地方政府基建投资占财政支出的比重，投资目标的系数均为正，且在 1% 统计水平下显著。平均而言，投资目标每提高 1 个百分点，大口径地方政府基建投资占财政支出的比重显著提高 0.049 个百分点，小口径地方政府基建投资占财政支出的比重显著提高 0.045 个百分点。

本节还参考陈硕和高琳（2012）、白俊红和聂亮（2017）等研究，通过财政自主度（一般公共预算收入/一般公共预算支出）来度量财政分权。为此，在基准模型中加入财政自主度，回归结果参见表 4.5 第

（5）（6）两列。可以看出，在控制财政自主度之后，被解释变量无论是大口径地方政府基建投资占财政支出的比重，还是小口径地方政府基建投资占财政支出的比重，投资目标的系数均为正，且在 1% 统计水平下显著。平均而言，投资目标每提高 1 个百分点，大口径地方政府基建投资占财政支出的比重显著提高 0.04 个百分点，小口径地方政府基建投资占财政支出的比重显著提高 0.036 个百分点。

因此，财政分权无论通过市县政府税收分成比例度量，还是通过市县政府一般公共预算收入分成比例度量，抑或是通过财政自主度度量，在控制财政分权因素后，投资目标的系数依然显著为正，这与基准结论相同，也就是说，投资目标提高，地方政府会显著增加生产性支出比重。这表明控制财政分权对基准结果并没有太大的影响，进一步支持结论的稳健性。

表 4.5　控制财政分权的回归结果

变量	(1)	(2)	(3)	(4)	(5)	(6)
	控制市县政府税收分成比例		控制市县政府一般公共预算收入分成比例		控制财政自主度	
	invstate_fisexp	*invlocal_fisexp*	*invstate_fisexp*	*invlocal_fisexp*	*invstate_fisexp*	*invlocal_fisexp*
invtarget	0.037 ** (0.014)	0.035 ** (0.013)	0.049 *** (0.014)	0.045 *** (0.013)	0.04 *** (0.011)	0.036 *** (0.011)
lngdppc	0.013 (0.011)	0.011 (0.011)	0.029 ** (0.012)	0.02 * (0.011)	0.026 *** (0.01)	0.019 ** (0.01)
sec_gdp	0.086 ** (0.034)	0.095 *** (0.034)	0.045 (0.033)	0.067 ** (0.032)	0.037 (0.026)	0.052 ** (0.025)
urban	0.027 (0.018)	0.029 (0.018)	0.029 * (0.017)	0.033 * (0.017)	0.006 (0.013)	0.01 (0.013)
lndensity	-0.009 (0.01)	-0.008 (0.009)	-0.014 (0.016)	-0.013 (0.013)	-0.013 (0.014)	-0.012 (0.012)
pttax	-0.005 (0.029)	-0.009 (0.028)	0.019 (0.03)	-0.002 (0.029)	0.0003 (0.018)	0.001 (0.018)
常数项	-0.1 (0.144)	-0.089 (0.137)	-0.22 (0.168)	-0.134 (0.15)	-0.18 (0.133)	-0.124 (0.123)

续表

变量	(1)	(2)	(3)	(4)	(5)	(6)
	控制市县政府税收分成比例		控制市县政府一般公共预算收入分成比例		控制财政自主度	
	invstate_fisexp	*invlocal_fisexp*	*invstate_fisexp*	*invlocal_fisexp*	*invstate_fisexp*	*invlocal_fisexp*
地区固定效应	控制	控制	控制	控制	控制	控制
时间固定效应	控制	控制	控制	控制	控制	控制
样本量	2192	2191	2573	2571	3341	3339
R - squared	0.553	0.544	0.524	0.515	0.04***	0.036***

注：括号内为聚类稳健标准误，标准误聚类在地级市层面，*、** 和 *** 分别代表在 10%、5% 和 1% 水平下显著。

（4）控制官员特征

大量研究发现，地方官员对地方政府行为具有重要影响。在中国政治运行体系中，市委书记作为地方领导人，其特征对地级市各项政府决策具有重要影响。一方面，市委书记领导地方工作，决定地方发展目标，同时市委书记的工作思路受其自身特征的影响，从而市委书记特征影响投资目标设定；另一方面，市委书记决定地方政府的施政方向，市委书记特征对地方政府支出结构也有重要影响，从而影响生产性支出占比。遵循文献中的常用做法，本节考虑市委书记的晋升压力、年龄、任期这三个特征的影响，并分别将市委书记是否处于 55—58 岁的虚拟变量（曹婧等，2019）、年龄、任期加入实证模型，回归结果参见表 4.6。

表 4.6 第（1）（2）两列是在基准模型中加入官员晋升压力的回归结果。可以看到，在控制官员晋升压力之后，被解释变量无论是大口径地方政府基建投资占财政支出的比重，还是小口径地方政府基建投资占财政支出的比重，投资目标的系数均为正，且在 1% 统计水平下显著。平均而言，投资目标每提高 1 个百分点，大口径地方政府基建投资占财政支出的比重显著提高 0.04 个百分点，小口径地方政府基建投资占财政支出的比重显著提高 0.036 个百分点。

表 4.6 第（3）（4）两列是在基准模型中加入市委书记年龄的回归

结果。可以看到，在控制市委书记年龄之后，被解释变量无论是大口径地方政府基建投资占财政支出的比重，还是小口径地方政府基建投资占财政支出的比重，投资目标的系数均为正，且在 1% 统计水平下显著。平均而言，投资目标每提高 1 个百分点，大口径地方政府基建投资占财政支出的比重显著提高 0.04 个百分点，小口径地方政府基建投资占财政支出的比重显著提高 0.036 个百分点。这一结果与控制官员晋升压力的结果几乎完全相同。

表 4.6 第（5）（6）两列是在基准模型中加入市委书记任期的回归结果。可以看到，在控制市委书记任期之后，被解释变量无论是大口径地方政府基建投资占财政支出的比重，还是小口径地方政府基建投资占财政支出的比重，投资目标的系数均为正，且在 1% 统计水平下显著。平均而言，投资目标每提高 1 个百分点，大口径地方政府基建投资占财政支出的比重显著提高 0.039 个百分点，小口径地方政府基建投资占财政支出的比重显著提高 0.034 个百分点。这一结果与控制官员晋升压力和控制市委书记年龄的结果基本相同。

因此，无论是控制官员晋升压力，还是控制市委书记年龄，抑或是控制市委书记任期，投资目标的系数均为正，且在 1% 统计水平下显著。这表明即使考虑官员特征，也不影响基准结论，即投资目标提高，地方政府会显著增加生产性支出比重。

表 4.6　控制官员特征的回归结果

变量	(1)	(2)	(3)	(4)	(5)	(6)
	控制官员晋升压力		控制市委书记年龄		控制市委书记任期	
	invstate_fisexp	*invlocal_fisexp*	*invstate_fisexp*	*invlocal_fisexp*	*invstate_fisexp*	*invlocal_fisexp*
invtarget	0.04*** (0.012)	0.036*** (0.011)	0.04*** (0.012)	0.036*** (0.011)	0.039*** (0.012)	0.034*** (0.011)
lngdppc	0.027*** (0.009)	0.019** (0.009)	0.027*** (0.009)	0.02** (0.009)	0.026*** (0.009)	0.019** (0.009)
sec_gdp	0.039 (0.027)	0.054** (0.026)	0.039 (0.027)	0.055** (0.026)	0.037 (0.026)	0.052** (0.025)

续表

变量	(1)	(2)	(3)	(4)	(5)	(6)
	控制官员晋升压力		控制市委书记年龄		控制市委书记任期	
	invstate_fisexp	*invlocal_fisexp*	*invstate_fisexp*	*invlocal_fisexp*	*invstate_fisexp*	*invlocal_fisexp*
urban	0.005 (0.013)	0.01 (0.013)	0.006 (0.013)	0.01 (0.013)	0.006 (0.013)	0.01 (0.013)
lndensity	-0.013 (0.014)	-0.012 (0.012)	-0.013 (0.014)	-0.012 (0.012)	-0.013 (0.013)	-0.012 (0.012)
sjpro	0.001 (0.002)	0.002 (0.002)	-0.0002 (0.0003)	-0.0001 (0.0003)	-0.001 (0.001)	-0.001 (0.001)
常数项	-0.186 (0.131)	-0.128 (0.12)	-0.179 (0.132)	-0.123 (0.122)	-0.18 (0.129)	-0.125 (0.119)
地区固定效应	控制	控制	控制	控制	控制	控制
时间固定效应	控制	控制	控制	控制	控制	控制
样本量	3304	3302	3304	3302	3336	3334
R-squared	0.484	0.474	0.484	0.474	0.484	0.474

注：括号内为聚类稳健标准误，标准误聚类在地级市层面，*、** 和 *** 分别代表在 10%、5% 和 1% 水平下显著。

(5) 控制地区竞争

地区竞争对地方政府生产性支出也会产生较大影响。一方面，投资目标会因地区竞争而受兄弟辖区目标的影响；另一方面，地区竞争将影响该地区的基础设施建设，从而影响生产性支出。参考许敬轩等（2020）的设定，地级市竞争程度通过省内地级市数量表示。控制地区竞争后的回归结果见表 4.7。第（1）列是被解释变量为大口径地方政府基建投资占财政支出的比重的估计结果。可以看出，在控制地区竞争后，投资目标的系数为正，并且在 1% 的统计水平下显著。平均而言，投资目标每提高 1 个百分点，大口径地方政府基建投资占财政支出的比重显著提高 0.048 个百分点。第（2）列是被解释变量为小口径地方政府基建投资占财政支出的比重的估计结果。可以看出，在控制地区竞争后，投资目标的系数为正，并且在 1% 的统计水平下显著。平均而言，投资目标每提高 1 个百分点，小口径地方政府基建投资占财政支出的比重显著提高 0.042 个百分点。

因此，控制地区竞争因素后，投资目标的系数依然为正，并且在 1% 的统计水平下显著。这表明基准结果仍成立，并且是稳健的，投资目标对生产性支出具有显著正向影响。

表 4.7 控制地区竞争的回归结果

变量	(1) *invstate_fisexp*	(2) *invlocal_fisexp*
invtarget	0.048 *** (0.012)	0.042 *** (0.011)
lngdppc	0.033 *** (0.009)	0.025 *** (0.009)
sec_gdp	0.014 (0.026)	0.032 (0.024)
urban	0.005 (0.013)	0.01 (0.013)
lndensity	-0.012 (0.014)	-0.011 (0.012)
city_no	-0.017 *** (0.006)	-0.014 ** (0.006)
常数项	-0.023 (0.137)	0.009 (0.133)
地区固定效应	控制	控制
时间固定效应	控制	控制
样本量	3341	3339
R - squared	0.488	0.476

注：括号内为聚类稳健标准误，标准误聚类在地级市层面，*、** 和 *** 分别代表在 10%、5% 和 1% 水平下显著。

(6) 控制省固定效应与年份固定效应的交互项

地级市政府生产性支出占比可能受到所在省的影响，为了剔除所在省的影响，本书进一步控制省固定效应与年份固定效应的交互项，实证结果参见表4.8。第（1）列是被解释变量为大口径地方政府基建投资占财政支出的比重的估计结果。可以看出，在控制省固定效应与年份固定效应的交互项后，投资目标的系数为正，并且在1%的统计水平下显著。平均而言，投资目标每提高1个百分点，大口径地方政府基建投资占财政支出的比重显著提高0.075个百分点。第（2）列是被解释变量为小口径地方政府基建投资占财政支出的比重的估计结果。可以看出，在控制省固定效应与年份固定效应的交互项后，投资目标的系数依然为正，并且在1%的统计水平下显著。平均而言，投资目标每提高1个百分点，小口径地方政府基建投资占财政支出的比重显著提高0.066个百分点。

因此，控制省固定效应与年份固定效应的交互项后，投资目标的系数依然为正，并且在1%的统计水平下显著。这表明基准结论是稳健的、可信的。

表4.8　控制省固定效应与年份固定效应交互项的回归结果

变量	(1) *invstate_fisexp*	(2) *invlocal_fisexp*
invtarget	0.075*** (0.015)	0.066*** (0.015)
lngdppc	0.023** (0.011)	0.013 (0.01)
sec_gdp	0.045 (0.033)	0.056* (0.032)
urban	0.008 (0.015)	0.01 (0.015)
lndensity	-0.019 (0.015)	-0.018 (0.014)
常数项	-0.122 (0.148)	-0.036 (0.134)
地区固定效应	控制	控制

续表

变量	(1) *invstate_fisexp*	(2) *invlocal_fisexp*
时间固定效应	控制	控制
省份与年份固定效应交互项	控制	控制
样本量	3317	3315
R - squared	0. 554	0. 543

注：括号内为聚类稳健标准误，标准误聚类在地级市层面，*、** 和 *** 分别代表在 10%、5% 和 1% 水平下显著。

(7) 工具变量法估计

前文的实证分析可能存在潜在的内生性问题，接下来考虑通过工具变量法重新估计投资目标对生产性支出的影响。参考既有文献常用设定方法，本书选择将省内其他市投资目标的均值作为某市投资目标的工具变量，理由在于：第一，某地级市投资目标与省内其他地级市投资目标的均值存在较强的相关关系，满足相关性假设；第二，省内其他地级市投资目标并不直接影响某地级市生产性支出比重，而只能通过该地级市投资目标来发挥作用，满足外生性假设。

表 4. 9 报告了工具变量方法估计的结果。第（1）列是被解释变量为大口径地方政府基建投资占财政支出的比重的估计结果。可以看出，F 统计量为 72. 02，远大于 10，表明不存在弱工具变量的问题。投资目标的系数为正，并且在 1% 的统计水平下显著。平均而言，投资目标每提高 1 个百分点，大口径地方政府基建投资占财政支出的比重显著提高 0. 073 个百分点。第（2）列是被解释变量为小口径地方政府基建投资占财政支出的比重的估计结果。可以看出，F 统计量为 71. 67，远大于 10，表明不存在弱工具变量的问题。投资目标的系数为正，并且在 1% 的统计水平下显著。平均而言，投资目标每提高 1 个百分点，小口径地方政府基建投资占财政支出的比重显著提高 0. 06 个百分点。

因此，即使通过工具变量法重新估计实证结果，对基准回归结果也没有影响，投资目标的系数依然为正，并且在 1% 的统计水平下显著。

这再次证实了基准结论的稳健性。

表 4.9　　工具变量法估计的回归结果

变量	(1) *invstate_fisexp*	(2) *invlocal_fisexp*
invtarget	0.073 *** (0.014)	0.06 *** (0.01)
lngdppc	0.023 ** (0.011)	0.012 (0.01)
sec_gdp	0.045 (0.033)	0.057 * (0.032)
urban	0.008 (0.015)	0.01 (0.015)
lndensity	-0.019 (0.015)	-0.018 (0.014)
地区固定效应	控制	控制
时间固定效应	控制	控制
省份与年份固定效应交互项	控制	控制
F 值	72.02	71.67
样本量	3317	3315
R - squared	0.024	0.019

注：括号内为聚类稳健标准误，标准误聚类在地级市层面，* 、** 和 *** 分别代表在 10% 、5% 和 1% 水平下显著。

(8) 考虑城市级别的影响

中国地级市分为三种：副省级城市（包含计划单列市）、省会城市、普通地级市。副省级城市比普通地级市的级别高，在财政体制、管理权限等方面有较大差异。省会城市由于地位特殊，往往得到省政府更大的支持，并且省会城市的市委书记通常由省委常委担任，比普通地级市市委书记的级别要高，获得资源的能力更强。因此，城市级别可能影响基准结果。为此，本书进一步考虑变换数据样本，在基准回归样本中分别剔除副省级城市、省会城市、副省级城市和省会城市的样本，实证结果参见表4.10。

表4.10第（1）（2）两列是非副省级城市样本的回归结果。第（1）列是被解释变量为大口径地方政府基建投资占财政支出的比重的估计结果。可以看出，在剔除副省级城市样本后，投资目标的系数为正，并且在1%的统计水平下显著。平均而言，投资目标每提高1个百分点，大口径地方政府基建投资占财政支出的比重显著提高0.04个百分点。第（2）列是被解释变量为小口径地方政府基建投资占财政支出的比重的估计结果。可以看出，在剔除副省级城市样本后，投资目标的系数依然为正，并且在1%的统计水平下显著。平均而言，投资目标每提高1个百分点，小口径地方政府基建投资占财政支出的比重显著提高0.036个百分点。这与基准结果基本相同，表明副省级城市对实证结论没有影响。

表4.10第（3）（4）两列是非省会城市样本的回归结果。第（3）列是被解释变量为大口径地方政府基建投资占财政支出的比重的估计结果。可以看出，在剔除省会城市样本后，投资目标的系数为正，并且在1%的统计水平下显著。平均而言，投资目标每提高1个百分点，大口径地方政府基建投资占财政支出的比重显著提高0.041个百分点。第（4）列是被解释变量为小口径地方政府基建投资占财政支出的比重的估计结果。可以看出，在剔除省会城市样本后，投资目标的系数依然为正，并且在1%的统计水平下显著。平均而言，投资目标每提高1个百分点，小口径地方政府基建投资占财政支出的比重显著提高0.036个百分点。这与基准结果基本相同，表明省会城市对实证结论没有影响。

进一步地，本书把副省级城市和省会城市样本同时剔除掉，回归结果参见表4.10第（5）（6）两列。第（5）列是被解释变量为大口径地方政府基建投资占财政支出的比重的估计结果。可以看出，在剔除副省级城市和省会城市样本后，投资目标的系数为正，并且在1%的统计水平下显著。平均而言，投资目标每提高1个百分点，大口径地方政府基建投资占财政支出的比重显著提高0.038个百分点。第（6）列是被解释变量为小口径地方政府基建投资占财政支出的比重的估计结果。可以看出，在剔除副省级城市和省会城市样本后，投资目标的系数依然为正，并且在1%的统计水平下显著。平均而言，投资目标每提高1个百分点，小口径地方政府基建投资占财政支出的比重显著提高0.036个百分点。

因此，无论是剔除副省级城市，还是剔除省会城市，抑或是副省级城市和省会城市均被剔除，回归结果均与基准回归相同。这说明城市级别对实证结论没有影响，再一次证实了结论的稳健性，即投资目标提高，地方政府会显著增加生产性支出比重。

表4.10　　考虑城市级别影响的回归结果

变量	(1)	(2)	(3)	(4)	(5)	(6)
	非副省级城市样本		非省会城市样本		副省级城市和省会城市样本	
	invstate_fisexp	*invlocal_fisexp*	*invstate_fisexp*	*invlocal_fisexp*	*invstate_fisexp*	*invlocal_fisexp*
invtarget	0.04 *** (0.01)	0.036 *** (0.01)	0.041 *** (0.011)	0.036 *** (0.01)	0.038 *** (0.01)	0.036 *** (0.01)
lngdppc	0.026 *** (0.009)	0.019 ** (0.008)	0.026 *** (0.009)	0.018 ** (0.009)	0.024 ** (0.009)	0.017 ** (0.009)
sec_gdp	0.044 * (0.025)	0.061 ** (0.024)	0.055 ** (0.026)	0.073 *** (0.025)	0.055 ** (0.021)	0.072 *** (0.025)
urban	0.0003 (0.012)	0.004 (0.013)	-0.0003 (0.013)	0.005 (0.013)	-0.001 (0.012)	0.004 (0.013)
lndensity	0.003 (0.005)	0.002 (0.005)	0.003 (0.005)	0.002 (0.005)	0.003 (0.005)	0.002 (0.005)
常数项	-0.273 *** (0.09)	-0.213 ** (0.084)	-0.279 *** (0.093)	-0.208 ** (0.086)	-0.262 *** (0.093)	-0.198 ** (0.086)
地区固定效应	控制	控制	控制	控制	控制	控制
时间固定效应	控制	控制	控制	控制	控制	控制
样本量	3175	3175	3022	3021	2980	2980
R - squared	0.451	0.446	0.479	0.470	0.470	0.463

注：括号内为聚类稳健标准误，标准误聚类在地级市层面，*、**和***分别代表在10%、5%和1%水平下显著。

4.3.4　异质性分析

（1）是否完成目标的异质性

地方政府生产性支出受投资目标影响的程度与是否完成目标有关。对于完成投资目标的地方政府而言，投资目标对地方政府的约束可能较强，从而投资目标对生产性支出的影响也可能较强；而对于未完成投资目标的地方政府而言，投资目标对地方政府的约束可能较弱，从而投资目标对生产性支出的影响也可能较弱，甚至不存在。为此，本节根据实际投资增速是否大于投资目标，将样本分为完成目标组和未完成目标组，重新进行实证估计，回归结果参见表 4.11。

表 4.11 第（1）（2）两列是完成目标样本的回归结果。可以看到，在完成目标的样本中，被解释变量无论是大口径地方政府基建投资占财政支出的比重，还是小口径地方政府基建投资占财政支出的比重，投资目标的系数均为正，且在 1% 统计水平下显著。平均而言，投资目标每提高 1 个百分点，大口径地方政府基建投资占财政支出的比重显著提高 0.057 个百分点，小口径地方政府基建投资占财政支出的比重显著提高 0.047 个百分点。这两个效应均大于基准回归中投资目标的效应（0.04 和 0.035），表明对完成目标的地方政府而言，投资目标提高，地方政府会显著增加生产性支出，并且效应更强。

表 4.11 第（3）（4）两列是未完成目标样本的回归结果。可以看到，在未完成目标的样本中，被解释变量无论是大口径地方政府基建投资占财政支出的比重，还是小口径地方政府基建投资占财政支出的比重，投资目标的系数均不显著，并且均小于基准回归中投资目标的系数（0.04 和 0.035），表明对未完成目标的地方政府而言，投资目标提高，并不会显著增加生产性支出占比。

因此，投资目标对地方政府生产性支出的影响与是否完成目标有关。对于完成目标的地方而言，投资目标提高，地方政府会显著增加生产性支出；而对于未完成目标的地方而言，投资目标对地方政府生产性支出没有显著影响。

表 4.11 是否完成目标的回归结果

变量	(1)	(2)	(3)	(4)
	完成目标样本		未完成目标样本	
	invstate_fisexp	*invlocal_fisexp*	*invstate_fisexp*	*invlocal_fisexp*
invtarget	0.057*** (0.015)	0.047*** (0.015)	0.011 (0.017)	0.014 (0.016)
lngdppc	0.034*** (0.012)	0.023** (0.011)	0.03*** (0.011)	0.028*** (0.011)
sec_gdp	0.036 (0.031)	0.057* (0.03)	0.03 (0.033)	0.025 (0.032)
urban	0.022 (0.017)	0.026 (0.017)	-0.013 (0.016)	-0.005 (0.016)
lndensity	-0.009 (0.013)	-0.009 (0.012)	-0.025 (0.018)	-0.022 (0.017)
常数项	-0.282* (0.148)	-0.188 (0.138)	-0.152 (0.158)	-0.148 (0.152)
地区固定效应	控制	控制	控制	控制
时间固定效应	控制	控制	控制	控制
样本量	2056	2053	1249	1249
R - squared	0.499	0.491	0.619	0.610

注：括号内为聚类稳健标准误，标准误聚类在地级市层面，*、** 和 *** 分别代表在 10%、5% 和 1% 水平下显著。

（2）新时代前后的异质性

党的十八大后，中国特色社会主义进入新时代，我国社会的主要矛盾从“人民日益增长的物质文化需要同落后的社会生产之间的矛盾”转化为“人民日益增长的美好生活需要和不平衡不充分的发展之间的矛盾”。政府的施政目标从推动经济发展转向推动协调发展、推进“五位一体”，地方政府不再为过于追求经济发展而扭曲财政支出结构，即使面对较高的投资目标，很难再像过去那样一味地提高生产性支出占比，而是更加注重转变政府职能、优化财政支出结构。为此，将样本分为新时代之前和新时代之后，分别观察新时代之前和新时代之后投资目标对生产性支出的影响，回归结果参见表 4.12。

表 4.12 第（1）（2）两列是新时代之前的回归结果。可以看到，在新时代之前的样本中，被解释变量无论是大口径地方政府基建投资占财政支出的比重，还是小口径地方政府基建投资占财政支出的比重，投资目标的系数均为正，且在 1% 统计水平下显著。平均而言，投资目标每提高 1 个百分点，大口径地方政府基建投资占财政支出的比重显著提高 0.054 个百分点，小口径地方政府基建投资占财政支出的比重显著提高 0.048 个百分点。这两个效应均大于基准回归中投资目标的效应（0.04 和 0.035），表明在新时代之前，投资目标提高，地方政府会显著增加生产性支出，并且效应更强。

表 4.11 第（3）（4）两列是新时代之后的回归结果。可以看到，在新时代之后的样本中，被解释变量无论是大口径地方政府基建投资占财政支出的比重，还是小口径地方政府基建投资占财政支出的比重，投资目标的系数均不显著，表明在新时代之后，投资目标提高，并不会显著增加生产性支出占比。

因此，投资目标对地方政府生产性支出的影响与新时代前后有关。在新时代之前，投资目标提高，地方政府会显著增加生产性支出；而在新时代之后，投资目标对地方政府生产性支出没有显著影响。这表明，在新时代之后，地方政府不再为过于追求经济发展而增加生产性支出占比，而是更加注重转变政府职能、优化财政支出结构。

表 4.12　　新时代前后的回归结果

变量	(1)	(2)	(3)	(4)
	新时代之前		新时代之后	
	invstate_fisexp	*invlocal_fisexp*	*invstate_fisexp*	*invlocal_fisexp*
invtarget	0.054 ***	0.048 ***	−0.036	−0.03
	(0.014)	(0.014)	(0.024)	(0.023)

续表

变量	(1)	(2)	(3)	(4)
	新时代之前		新时代之后	
	invstate_fisexp	*invlocal_fisexp*	*invstate_fisexp*	*invlocal_fisexp*
lngdppc	0.033*** (0.012)	0.022* (0.012)	0.063** (0.029)	0.064** (0.029)
sec_gdp	0.018 (0.037)	0.042 (0.035)	-0.067 (0.055)	-0.082 (0.055)
urban	0.033 (0.022)	0.036 (0.023)	0.067 (0.051)	0.067 (0.051)
lndensity	-0.014 (0.015)	-0.012 (0.013)	0.002 (0.009)	0.001 (0.009)
常数项	-0.239 (0.164)	-0.155 (0.145)	-0.639** (0.322)	-0.64** (0.32)
地区固定效应	控制	控制	控制	控制
时间固定效应	控制	控制	控制	控制
样本量	2316	2314	1023	1023
R - squared	0.541	0.533	0.670	0.673

注：括号内为聚类稳健标准误，标准误聚类在地级市层面，*、** 和 *** 分别代表在 10%、5% 和 1% 水平下显著。

4.3.5 进一步分析

投资目标提高，地方政府会显著增加生产性支出比重。那么，地方政府提高生产性支出占比对实际投资水平有促进作用吗？为回答此问题，本节将地方政府的生产性支出作为核心解释变量，将实际投资水平（通过投资增速、投资占 GDP 的比重这两个指标度量）作为被解释变量，通过双向固定效应模型重新进行实证估计，估计结果参见表 4.13。

表 4.13 第（1）（2）两列是被解释变量为实际投资增速的回归结果。第（1）列的核心解释变量为大口径地方政府基建投资占财政支出的比重，可以看到，大口径地方政府基建投资占财政支出的比重的系数为正，且在 1% 统计水平下显著，平均而言，大口径地方政府基建投资

占财政支出的比重每提高 1 个百分点，实际投资增速显著提高 0.16 个百分点。第（2）列的核心解释变量为小口径地方政府基建投资占财政支出的比重，可以看到，小口径地方政府基建投资占财政支出的比重的系数为正，且在 1% 统计水平下显著，平均而言，小口径地方政府基建投资占财政支出的比重每提高 1 个百分点，实际投资增速显著提高 0.16 个百分点。

表 4.13 第（3）（4）两列是被解释变量为实际投资占 GDP 比重的回归结果。第（3）列的核心解释变量为大口径地方政府基建投资占财政支出的比重，可以看到，大口径地方政府基建投资占财政支出的比重的系数为正，且在 1% 统计水平下显著，平均而言，大口径地方政府基建投资占财政支出的比重每提高 1 个百分点，实际投资占 GDP 比重显著提高 0.378 个百分点。第（4）列的核心解释变量为小口径地方政府基建投资占财政支出的比重，可以看到，小口径地方政府基建投资占财政支出的比重的系数为正，且在 1% 统计水平下显著，平均而言，小口径地方政府基建投资占财政支出的比重每提高 1 个百分点，实际投资占 GDP 比重显著提高 0.372 个百分点。

因此，被解释变量（实际投资水平）无论是实际投资增速，还是实际投资占 GDP 的比重，核心解释变量（生产性支出占比）无论是大口径地方政府基建投资占财政支出的比重，还是小口径地方政府基建投资占财政支出的比重，核心解释变量的系数均显著为正，这表明：地方政府生产性支出占比提高，会显著提高实际投资水平。这也就不难理解投资目标提高，地方政府提高生产性支出的行为了。

表 4.13　地方政府生产性支出对投资增速和投资占 GDP 比重的影响的回归结果

变量	(1) *invgrowth*	(2) *invgrowth*	(3) *inv_gdp*	(4) *inv_gdp*
invstate_fisexp	0.16** (0.072)		0.378*** (0.0839)	

续表

变量	(1) *invgrowth*	(2) *invgrowth*	(3) *inv_gdp*	(4) *inv_gdp*
invlocal_fisexp		0.159 ** (0.073)		0.372 *** (0.0866)
lngdppc	-0.037 (0.04)	-0.049 (0.038)	0.013 (0.052)	0.01 (0.052)
sec_gdp	0.179 * (0.105)	0.195 * (0.104)	0.766 *** (0.148)	0.772 *** (0.148)
urban	0.033 (0.039)	0.036 (0.039)	0.026 (0.056)	0.026 (0.056)
lndensity	0.017 (0.015)	0.015 (0.015)	0.003 (0.025)	0.003 (0.025)
常数项	0.409 (0.390)	0.523 (0.370)	0.088 (0.534)	0.125 (0.539)
地区固定效应	控制	控制	控制	控制
时间固定效应	控制	控制	控制	控制
样本量	3588	3586	3676	3674
R - squared	0.325	0.326	0.744	0.744

注：括号内为聚类稳健标准误，标准误聚类在地级市层面，*、** 和 *** 分别代表在 10%、5% 和 1% 水平下显著。

4.4 小　结

本章研究了投资目标对生产性支出的影响。理论模型部分推导得到：投资目标对政府生产性支出占比具有正向影响。实证分析部分基于地级市面板数据，通过双向固定效应模型发现，投资目标提高，地方政府会显著增加生产性支出比重。平均而言，投资目标每提高 1 个百分点，地方政府基建投资占财政支出的比重将显著提高约 0.04 个百分点。这一结论在替换核心解释变量、考虑财政支出分类改革、控制财政分权、控制官员特征、运用工具变量法估计、考虑城市级别等一系列因素之后仍是稳健的，但在以是否完成目标、新时代前后分组的样本中呈现出异质性。进一步地，本书还考察了政府生产性支出对实际投资水平的影响，发现：地方政府生产性支出占比提高，会显著提高实际投资增速和实际投资占 GDP 比重。

第 5 章

投资目标对民生性支出的影响

5.1 引　言

长期以来，我国在财政支出结构方面存在的一个突出特点是：地方政府偏好生产性支出（如基础设施建设投资）、轻视民生性支出（傅勇和张晏，2007；尹恒和朱虹，2011；马光荣等，2019）。这种财政支出结构的扭曲，既不利于改善民生，也不利于转变政府职能和建设服务型政府。

近年来，党和国家高度重视基本公共服务支出，党的十八大、十九大、二十大等一系列重要会议一再强调“优化财政支出结构”“增加基本公共服务供给”“转变政府职能”等，这就需要深入研究财政支出结构扭曲的原因，进而提出相应的政策建议。

既有文献主要从财政分权、晋升激励等方面进行解释，也有少部分学者关注到政府目标对民生性支出的影响。例如，徐换歌和蒋硕亮（2020）基于省级面板数据发现，经济增长目标提高，地方政府会显著降低民生性支出占比。Liu 等（2020）基于 2003—2016 年地级市面板数据发现，经济增长目标对科教支出具有显著负向影响。容易看到，这些研究关注的都是经济增长目标，没有关注投资目标的影响。而事实上，投资目标对民生性支出也具有显著影响。面对较高的投资目标，地方政府大力加强基础设施建设投资，为招商引资工作创造良好的投资环境，在有限的财政资源下，民生性支出则可能被压缩或减少。当然，一些民生性支出具有较强的支出刚性，即使面对较高的投资目标也无法压缩，最终可能保持不变。

本章的结构安排如下：第一节是引言部分，介绍本章的研究背景；第二节是理论模型部分，通过数理模型揭示投资目标与民生性支出的关系；第三节是实证分析部分，通过计量分析检验投资目标对民生性的影响；第四节是小结部分，对本章进行总结。

5.2 理论模型

本节在第4章理论模型的基础上进行拓展，为了更好地分析民生性支出，借鉴吕冰洋（2014）的研究，将政府民生性支出引入家庭效用函数，政府生产性支出依然进入企业生产函数，并进一步引入投资目标，以此展开理论分析。

5.2.1 模型设定

假定家庭最大化终生效用为 U，家庭的效用既来自家庭消费，也来自政府民生性支出，借鉴吕冰洋（2014）的效用函数设定，家庭效用函数如下所示：

$$U = \int_0^{\infty} \frac{(CG_C^{\eta})^{1-\sigma} - 1}{1 - \sigma} e^{-\rho t} dt \tag{5.1}$$

其中，C 表示家庭消费，G_C 表示政府民生性支出，$\eta > 0$ 表示政府民生性支出对家庭消费的影响程度，$\sigma > 0$ 表示相对风险规避系数，$\rho > 0$ 表示主观贴现率，并施加参数限制 $(1-\sigma)(1+\eta) < 1$，保证效用函数对政府民生性支出和家庭消费都是凹的。

除了民生性支出 G_C，政府支出还包括生产性支出 G_I，假定民生性支出 G_C 占政府总支出 G 的比重为 θ，那么生产性支出占 G_I 占政府总支出 G 的比重为 $(1-\theta)$，即：

$$G_C = \theta G \tag{5.2}$$

$$G_I = (1 - \theta) G \tag{5.3}$$

政府生产性支出 G_I 对企业产出具有正外部性，从而生产性支出 G_I 进入企业生产函数，借鉴 Barro（1990）的生产函数设定，企业生产函数为如下 Cobb - Douglas 函数形式：

$$Y = AK^{\alpha}G_I^{1-\alpha} \tag{5.4}$$

其中，Y 表示产出，A 表示技术水平，K 表示私人资本存量，α 表示私人资本的产出弹性。

产出最终用于家庭消费、私人投资（资本存量的增量）与政府支出（包括生产性支出和民生性支出），因此，私人投资（资本存量的增量）的运动方程为：

$$\dot{K} = I = Y - G - C \tag{5.5}$$

假定政府收入来自对企业的产出征税，税率为 τ，从而政府收支恒等式为：

$$G = \tau Y \tag{5.6}$$

假定政府每期期初都会设定投资目标 γ，其与实际投资增长率 γ_I 的偏差为 ε，那么：

$$\gamma_I = \gamma + \varepsilon \tag{5.7}$$

在理想情况下，偏差 $\varepsilon = 0$。

5.2.2 模型求解

结合 5.3、5.4、5.6 三式，可以得到生产函数为：

$$Y = A^{\frac{1}{\alpha}}(1-\theta)^{\frac{1-\alpha}{\alpha}}\tau^{\frac{1-\alpha}{\alpha}}K \tag{5.8}$$

结合 5.5、5.6、5.8 三式，可以得到资本存量的运动方程为：

$$\dot{K} = (1-\tau)A^{\frac{1}{\alpha}}(1-\theta)^{\frac{1-\alpha}{\alpha}}\tau^{\frac{1-\alpha}{\alpha}}K - C \tag{5.9}$$

为了求解模型的最优化问题，建立如下汉密尔顿函数：

$$H = \frac{(CG_C^{\eta})^{1-\sigma} - 1}{1-\sigma} + \lambda\left[(1-\tau)A^{\frac{1}{\alpha}}(1-\theta)^{\frac{1-\alpha}{\alpha}}\tau^{\frac{1-\alpha}{\alpha}}K - C\right] \tag{5.10}$$

求解汉密尔顿函数，可以分别得到如下一阶条件和欧拉方程：

$$C^{-\sigma}G_C^{\eta(1-\sigma)} = \lambda \tag{5.11}$$

$$\dot{\lambda} = \lambda\rho - \frac{\partial H}{\partial K} = \lambda\left[\rho - (1-\tau)A^{\frac{1}{\alpha}}(1-\theta)^{\frac{1-\alpha}{\alpha}}\tau^{\frac{1-\alpha}{\alpha}}\right] \tag{5.12}$$

由此，可得到消费的实际增长率 γ_C 为：

$$\gamma_C = \frac{\dot{C}}{C} = \frac{1}{\eta - \sigma - \sigma\eta}\left[\rho - (1-\tau)A^{\frac{1}{\alpha}}(1-\theta)^{\frac{1-\alpha}{\alpha}}\tau^{\frac{1-\alpha}{\alpha}}\right] \tag{5.13}$$

在均衡状态下，消费、投资的实际增长率相等，从而有：

$$\gamma_I = \gamma_C = \frac{1}{\eta - \sigma - \sigma\eta}\left[\rho - (1-\tau)A^{\frac{1}{\alpha}}(1-\theta)^{\frac{1-\alpha}{\alpha}}\tau^{\frac{1-\alpha}{\alpha}}\right] \tag{5.14}$$

结合 5.6、5.7、5.14 三式，可以得到：

$$\left(1 - \frac{G}{Y}\right)A^{\frac{1}{\alpha}}(1-\theta)^{\frac{1-\alpha}{\alpha}}\left(\frac{G}{Y}\right)^{\frac{1-\alpha}{\alpha}} + (\eta - \sigma - \sigma\eta)(\gamma + \varepsilon) - \rho = 0 \tag{5.15}$$

5.15 式表明，投资目标 γ 会影响民生性支出占比 θ。为了更为直观地展示影响大小，本书记 5.15 式等号左边的函数为 F，根据隐函数求导公式，可以得到生产性支出占比 θ 关于投资目标 γ 的导数：

$$\frac{d\theta}{d\gamma} = -\frac{F_\gamma}{F_\phi} = \frac{(\eta - \sigma - \sigma\eta)\alpha}{(1-\alpha)(1-G/Y)A^{\frac{1}{\alpha}}(1-\theta)^{\frac{1-2\alpha}{\alpha}}(G/Y)^{\frac{1-\alpha}{\alpha}}} \tag{5.16}$$

由 5.16 式可以看出，投资目标 γ 对民生性支出占比 θ 的影响大小与相对风险规避系数 σ、政府民生性支出对家庭消费的影响程度 η、技术水平 A、资本的产出弹性 α、政府支出占比 G/Y、民生性支出占比 θ 等因素有关。

由于 $(1-\sigma)(1+\eta) < 1$，那么 $\eta - \sigma - \sigma\eta < 0$，从而由 5.16 式容易看出，民生性支出占比 θ 关于投资目标 γ 的导数 $\frac{d\theta}{d\gamma} < 0$。这意味着，当投资目标 γ 提高时，政府会降低民生性支出占比 θ。原因很容易理解，政府民生性支出 G_C 对企业生产不具有正外部性，无法直接刺激投资增长，为了实现更高的投资目标，政府会降低民生性支出占比。

总结投资目标对政府民生性支出占比的影响，本书可以得到以下命题：投资目标对政府民生性支出占比具有负向影响。

5.3　实证分析

本节接下来进行实证分析，检验理论模型得到的命题。

5.3.1　计量模型

考虑到投资目标是地方政府在年初召开的地方两会上已经确定，而民生性支出是地方政府根据财政状况、民生需要等因素决定，在年终才最终确定，因此，民生性支出不太可能会反向影响地级市政府设定的投资目标，从而由反向因果导致的内生性问题较小。本章采取的实证策略是：通过适用于面板数据的固定效应模型，以地方政府设定的投资目标为核心解释变量，以地级市层面的反映政府民生性支出的变量为被解释变量，实证分析投资目标对民生性支出的影响。固定效应模型可以剔除不可观测的地区、时间等因素对实证结果产生的干扰。

实证模型设定如下：

$$GC_{i,t} = \alpha + \beta \cdot invtarget_{i,t} + \phi \cdot X_{i,t} + \mu_i + \nu_t + \varepsilon_{i,t} \tag{5.17}$$

其中：i 表示地区（地级市）；t 表示时间（年份）；$GC_{i,t}$ 为被解释变量，表示地级市 i 在第 t 年的民生性支出，限于数据的可得性，本书分别用教育支出占财政支出的比重、科学支出占财政支出的比重、医疗卫生与计划生育支出占财政支出的比重度量；$invtarget_{i,t}$ 为核心解释变量，表示地级市 i 在第 t 年的投资目标；$X_{i,t}$ 为一系列控制变量，参考文献中的常用设定，包括经济发展水平、产业结构、城镇化率、人口密度；α 是常数项；μ_i、ν_t 分别是地区、时间固定效应；$\varepsilon_{i,t}$ 是随机扰动项；标准误聚类到地级市层面。β、ϕ 分别表示核心解释变量、控制变量的系数。我们主要关注核心解释变量的系数 β 的符号和显著性：如果 β 显著为正，表明投资目标对地方政府民生性支出（包括教育支出占财政支出的比重、科学支出占财政支出的比重、医疗卫生与计划生育支出占财政支出的比重）具有显著正向影响；如果β显著为负，表明投资目标对地方政府民生性支出具有显著负向影响；如果β不显著，表明投资目标对地方政府民生性支出没有显著影响。

本章使用地级市层面的数据，地方政府民生性支出数据来自 CEIC 数据库。CEIC 数据库包含 2003 年以来地级市层面的教育支出、科学支出、社会保障和就业支出数据，以及 2007 年以来地级市层面的政府医疗卫生与计划生育支出数据。由于 2007 年之后，社会保障和就业支出数据缺失严重，本章的地方政府民生性支出变量不包括该数据。因此，本章使用 2003—2018 年的教育支出、科学支出数据①，而医疗卫生与计划生育支出数据则始于 2007 年。投资增长目标数据大部分来自地级市政府工作报告，少部分通过年度国民经济和社会发展规划报告补充。其他数据来自 CEIC 数据库、《中国城市统计年鉴》、《全国地市县财政统计资料汇编》、《中国税务年鉴》、《中国区域经济统计年鉴》等。各变量具体说明如下：

第一，被解释变量。实证分析的被解释变量为地方政府民生性支出，分别通过教育支出占财政支出的比重（*eduexp_fisexp*）、科学支出占财政支出的比重（*tecexp_fisexp*）、医疗卫生与计划生育支出占财政支出的比重（*heaexp_fisexp*）衡量。

第二，核心解释变量。本章的核心解释变量是地级市层面的投资目标（*invtarget*）。该目标通常是地方政府在年初召开的地方两会上向社会公布，并进一步将目标任务层层分解下发到各部门和各下级政府，从而影响地方政府的支出行为。

第三，控制变量。其一，经济发展水平。经济发展水平是影响地方政府民生性支出的重要变量，参考既有文献常用设定，使用人均实际

① 在稳健性检验部分也使用 2007—2018 年教育支出数据，发现对实证结果没有影响。

GDP 的对数（*lngdppc*）衡量。其二，产业结构。产业结构影响经济发展水平和财政状况，从而影响地方政府民生性支出，参考既有文献常用设定，使用通过第二产业增加值占 GDP 的比重（*sec_gdp*）衡量。其三，城镇化率。城镇化率（*urban*）影响地方政府提供公共服务水平，从而影响地方政府民生性支出。其四，人口密度。人口密度也影响地方政府民生性支出，参考既有文献常用设定，我们对人口密度取对数（*lndensity*）处理。

相关变量的描述性统计参见表 5.1。

表 5.1　各变量的描述性统计

变量	指标含义	(1) 样本数	(2) 均值	(3) 标准差	(4) 最小值	(5) 最大值
eduexp_fisexp	教育支出占财政支出比重	4411	0.185	0.043	0.08	0.328
tecexp_fisexp	科学支出占财政支出比重	4361	0.011	0.011	0.001	0.074
heaexp_fisexp	医疗卫生与计划生育支出占财政支出比重	3055	0.083	0.024	0.033	0.153
invtarget	固定资产投资目标	4022	0.2	0.081	0.004	0.6
lngdppc	经济发展水平	4405	10.16	0.805	7.601	12.28
sec_gdp	产业结构	4442	0.482	0.11	0.148	0.91
urban	城镇化率	4044	0.356	0.189	0.028	1
lndensity	人口密度（取对数）	3811	5.725	0.930	1.548	8.689

5.3.2　基准回归结果

本章对实证模型 5.17 进行估计，基准回归结果参见表 5.2。

表 5.2 的第（1）列是被解释变量为教育支出占财政支出的比重的估计结果，可以看出，投资目标的系数为负，并且在 1% 的统计水平下显著，表明投资目标提高，不利于地方政府增加教育支出。平均而言，投资目标每提高 1 个百分点，教育支出占财政支出的比重平均显著降低 0.053 个百分点。第（2）列是被解释变量为科学支出占财政支出的比

重的估计结果，可以看出，投资目标的系数为负，并且在1%的统计水平下显著，表明投资目标对科学支出具有显著负向影响。平均而言，投资目标每提高1个百分点，科学支出占财政支出的比重平均显著降低0.008个百分点。第（3）列是被解释变量为医疗卫生与计划生育支出占财政支出的比重的估计结果，投资目标的系数很小，并且不显著，表明投资目标对医疗卫生与计划生育支出没有显著影响。

因此，投资目标对教育支出、科学支出具有显著负向影响，而对医疗卫生与计划生育支出没有显著影响。原因可能在于，医疗卫生与计划生育支出与教育支出、科学支出相比，支出刚性可能较强，地方政府难以压缩医疗卫生与计划生育支出促进投资、发展经济。

表5.2　基准回归结果

变量	(1) *eduexp_fisexp*	(2) *tecexp_fisexp*	(3) *heaexp_fisexp*
invtarget	-0.053*** (0.008)	-0.008*** (0.002)	0.005 (0.006)
lngdppc	-0.017** (0.006)	-0.003 (0.002)	-0.005 (0.004)
sec_gdp	-0.046** (0.019)	-0.01* (0.006)	0.036*** (0.011)
urban	0.009 (0.008)	0.004* (0.002)	0.002 (0.003)
lndensity	0.004 (0.003)	-0.003*** (0.001)	0.003* (0.002)
常数项	0.365*** (0.065)	0.064*** (0.022)	0.09** (0.038)
地区固定效应	控制	控制	控制
时间固定效应	控制	控制	控制
样本量	3329	3337	2368
R - squared	0.796	0.734	0.828

注：括号内为聚类稳健标准误，标准误聚类在地级市层面，*、**和***分别代表在10%、5%和1%水平下显著。

5.3.3 稳健性检验

本节将通过替换核心解释变量、控制财政分权、控制官员特征、控制地区竞争、工具变量法估计等方式，检验结论的稳健性、可信性。

(1) 替换核心解释变量

投资目标可能受上级目标、本地经济社会发展等因素的影响，为了剔除这些因素的影响，本节计算了地级市与所在省的投资目标的差值，将这个差值变量作为核心解释变量（*gap_citypro*），替换基准回归中的地级市投资目标，并进行重新估计，回归结果可见表 5.3。

表 5.3 第（1）列是被解释变量为教育支出占财政支出比重的回归结果，可以看出，地级市与所在省投资目标差值的系数为负，并且在 1% 的统计水平下显著，表明地级市在所在省投资目标的基础上提高自身的投资目标，将显著抑制教育支出占比。具体而言，地级市的投资目标每高于所在省的投资目标 1 个百分点，地级市政府教育支出占财政支出比重平均显著降低 0.05 个百分点。第（2）列是被解释变量为科学支出占财政支出比重的回归结果，可以看出，地级市与所在省投资目标的差值的系数为负，并且在 1% 的统计水平下显著，表明地级市在所在省投资目标的基础上提高自身的投资目标，将显著抑制科学支出占比。具体而言，地级市的投资目标每高于所在省的投资目标 1 个百分点，地级市政府科学支出占财政支出平均显著降低 0.007 个百分点。第（3）列是被解释变量为医疗卫生与计划生育支出占财政支出比重的回归结果，地级市与所在省投资目标的差值的系数很小，并且不显著，表明地级市在所在省投资目标的基础上提高自身的投资目标，对医疗卫生与计划生育支出没有显著影响。

因此，替换核心解释变量后，核心解释变量对教育支出占财政支出比重、科学支出占财政支出比重依然具有显著负向影响，对医疗卫生与计划生育支出依然没有显著影响。这一结论与基准结果相同，证实了基准结论的稳健性。

表 5.3　　替换核心解释变量的回归结果

变量	(1) *eduexp_fisexp*	(2) *tecexp_fisexp*	(3) *heaexp_fisexp*
gap_citypro	-0.05*** (0.009)	-0.007*** (0.003)	0.003 (0.006)
lngdppc	-0.019*** (0.006)	-0.004* (0.002)	-0.006 (0.004)
sec_gdp	-0.05*** (0.019)	-0.01* (0.006)	0.035*** (0.011)
urban	0.006 (0.007)	0.003 (0.002)	0.001 (0.003)
lndensity	0.003 (0.003)	-0.002*** (0.001)	0.003 (0.002)
常数项	0.38*** (0.065)	0.066*** (0.021)	0.106*** (0.038)
地区固定效应	控制	控制	控制
时间固定效应	控制	控制	控制
样本量	3276	3282	2314
R - squared	0.793	0.734	0.832

注：括号内为聚类稳健标准误，标准误聚类在地级市层面，*、** 和 *** 分别代表在 10%、5% 和 1% 水平下显著。

（2）控制财政分权

大量研究表明，财政分权深刻影响地方政府发展经济的积极性，从而既会影响设定的投资目标大小，也会影响民生性支出占比。为此，本节在基准回归基础上进一步控制财政分权变量，参考既有文献中的常用设定，财政分权分别通过市县政府税收分成比例、市县政府一般公共预算分成比例（吕冰洋等，2017）、财政自主度（陈硕和高琳，2012；白俊红和聂亮，2017）度量，回归结果参见表 5.4、表 5.5、表 5.6。

表 5.4 是在基准模型中加入市县政府税收分成比例（*pttax*）的回归结果，市县政府税收分成比例通过某省市县政府实际收到的税收收入除以该省实现的税收收入总额计算得到。第（1）列是被解释变量为教育支出占财政支出比重的回归结果，可以看到，在控制市县政府税收分成比例之后，投资目标的系数依然为负，并且在 1% 的统计水平下显著，表明投资目标对教育支出占财政支出比重依然具有显著负向影响。平均而言，投资目标每提高 1 个百分点，教育支出占财政支出的比重平均显著降低 0.059 个百分点。第（2）列是被解释变量为科学支出占财政支出比重的回归结果，可以看到，在控制市县政府税收分成比例之后，投资目标的系数依然为负，并且在 1% 的统计水平下显著，表明投资目标对科学支出占财政支出比重依然具有显著负向影响。平均而言，投资目标每提高 1 个百分点，科学支出占财政支出的比重平均显著降低 0.01 个百分点。第（3）列是被解释变量为医疗卫生与计划生育支出占财政支出比重的回归结果，可以看到，在控制市县政府税收分成比例之后，投资目标的系数依然不显著，表明投资目标对医疗卫生与计划生育支出占财政支出比重依然没有显著影响。

表 5.4　　控制市县政府税收分成比例的回归结果

变量	(1) *eduexp_fisexp*	(2) *tecexp_fisexp*	(3) *heaexp_fisexp*
invtarget	-0.059*** (0.009)	-0.01*** (0.002)	0.002 (0.006)
lngdppc	-0.031*** (0.009)	-0.005** (0.002)	-0.011** (0.005)
sec_gdp	-0.04 (0.026)	-0.02*** (0.007)	0.058*** (0.014)
urban	-0.001 (0.006)	0.001 (0.002)	0.002 (0.004)
lndensity	0.007** (0.003)	-0.002** (0.0018)	-0.0001 (0.002)

续表

变量	(1) *eduexp_fisexp*	(2) *tecexp_fisexp*	(3) *heaexp_fisexp*
pttax	-0.037** (0.018)	0.008* (0.005)	-0.034*** (0.013)
常数项	0.512*** (0.092)	0.081*** (0.022)	0.167*** (0.049)
地区固定效应	控制	控制	控制
时间固定效应	控制	控制	控制
样本量	2181	2192	1748
R - squared	0.836	0.802	0.805

注：括号内为聚类稳健标准误，标准误聚类在地级市层面，*、** 和 *** 分别代表在 10%、5% 和 1% 水平下显著。

表 5.5 是在基准模型中加入市县政府一般公共预算收入分成比例（*pttin*）的回归结果，市县政府一般公共预算收入分成比例通过某省市县政府实际收到的一般公共预算收入除以该省实现的一般公共预算收入总额计算得到。第（1）列是被解释变量为教育支出占财政支出比重的回归结果，可以看到，在控制市县政府一般公共预算收入分成比例之后，投资目标的系数依然为负，并且在 1% 的统计水平下显著，表明投资目标对教育支出占财政支出比重依然具有显著负向影响。平均而言，投资目标每提高 1 个百分点，教育支出占财政支出的比重平均显著降低 0.06 个百分点。第（2）列是被解释变量为科学支出占财政支出比重的回归结果，可以看到，在控制市县政府一般公共预算收入分成比例之后，投资目标的系数依然为负，并且在 1% 的统计水平下显著，表明投资目标对科学支出占财政支出比重依然具有显著负向影响。平均而言，投资目标每提高 1 个百分点，科学支出占财政支出的比重平均显著降低 0.015 个百分点。第（3）列是被解释变量为医疗卫生与计划生育支出占财政支出比重的回归结果，可以看到，在控制市县政府一般公共预算收入分成比例之后，投资目标的系数依然不显著，表明投资目标对医疗卫生与计划生育支出占财政支出比重依然没有显著影响。

表 5.5　　控制市县政府一般公共预算收入分成比例的回归结果

变量	(1) *eduexp_fisexp*	(2) *tecexp_fisexp*	(3) *heaexp_fisexp*
invtarget	-0.06*** (0.009)	-0.015*** (0.002)	0.0004 (0.006)
lngdppc	-0.022*** (0.007)	-0.006*** (0.002)	-0.011** (0.005)
sec_gdp	-0.047** (0.021)	-0.021*** (0.006)	0.061*** (0.015)
urban	-0.003 (0.007)	0.004** (0.002)	0.002 (0.004)
lndensity	0.004 (0.003)	-0.001* (0.001)	0.0002 (0.002)
ptin	-0.04** (0.018)	0.029*** (0.005)	-0.033*** (0.012)
常数项	0.445*** (0.07)	0.082*** (0.022)	0.169*** (0.05)
地区固定效应	控制	控制	控制
时间固定效应	控制	控制	控制
样本量	2565	2569	1748
R - squared	0.819	0.770	0.805

注：括号内为聚类稳健标准误，标准误聚类在地级市层面，*、** 和 *** 分别代表在 10%、5% 和 1% 水平下显著。

表 5.6 是在基准模型中加入财政自主度（*fiszzd*）的回归结果，财政自主度通过一般公共预算收入除以一般公共预算支出计算得到。第（1）列是被解释变量为教育支出占财政支出比重的回归结果，可以看到，在控制财政自主度之后，投资目标的系数依然为负，并且在 1% 的统计水平下显著，表明投资目标对教育支出占财政支出比重依然具有显著负向影响。平均而言，投资目标每提高 1 个百分点，教育支出占财政支出的比重平均显著降低 0.05 个百分点。第（2）列是被解释变量为科学支出占财政支出比重的回归结果，可以看到，在控制财政自主度之后，投资目标的系数依然为负，并且在 1% 的统计水平下显著，表明投

资目标对科学支出占财政支出比重依然具有显著负向影响。平均而言，投资目标每提高1个百分点，科学支出占财政支出的比重平均显著降低0.006个百分点。第（3）列是被解释变量为医疗卫生与计划生育支出占财政支出比重的回归结果，可以看到，在控制财政自主度之后，投资目标的系数依然不显著，表明投资目标对医疗卫生与计划生育支出占财政支出比重依然没有显著影响。

表5.6　　控制市县政府财政自主度的回归结果

变量	(1) *eduexp_fisexp*	(2) *tecexp_fisexp*	(3) *heaexp_fisexp*
invtarget	-0.05*** (0.008)	-0.006*** (0.002)	0.005 (0.006)
lngdppc	-0.021*** (0.006)	-0.006*** (0.002)	-0.004 (0.004)
sec_gdp	-0.044** (0.019)	-0.009* (0.005)	0.036*** (0.011)
urban	0.008 (0.008)	0.003* (0.002)	0.002 (0.003)
lndensity	0.004 (0.003)	-0.002*** (0.001)	0.003* (0.005)
fiszzd	0.035*** (0.011)	0.021*** (0.004)	-0.0005 (0.01)
常数项	0.39*** (0.065)	0.078*** (0.021)	0.09** (0.04)
地区固定效应	控制	控制	控制
时间固定效应	控制	控制	控制
样本量	3329	3337	2368
R - squared	0.798	0.748	0.828

注：括号内为聚类稳健标准误，标准误聚类在地级市层面，*、**和***分别代表在10%、5%和1%水平下显著。

因此，控制财政分权后，投资目标依然对教育支出占财政支出比重、科学支出占财政支出比重具有显著负向影响，对医疗卫生与计划生育支出占财政支出比重没有显著影响。这与基准结果相同，进一步支持了结论的稳健性。

(3) 控制官员特征

官员特征对各项地方政府决策具有重要影响，既会影响投资目标设定，也影响地方政府民生性支出。遵循既有文献，本节考虑市委书记的晋升压力、年龄、任期这三个特征的影响。

表 5.7 是控制官员晋升压力的回归结果，官员晋升压力参考曹婧等（2019）通过市委书记是否处于特定年龄段（55—58 岁）度量。第（1）列是被解释变量为教育支出占财政支出比重的回归结果，可以看到，在控制官员晋升压力之后，投资目标的系数依然为负，并且在 1% 的统计水平下显著，表明投资目标对教育支出占财政支出比重依然具有显著负向影响。平均而言，投资目标每提高 1 个百分点，教育支出占财政支出的比重平均显著降低 0.057 个百分点。第（2）列是被解释变量为科学支出占财政支出比重的回归结果，可以看到，在控制官员晋升压力之后，投资目标的系数依然为负，并且在 1% 的统计水平下显著，表明投资目标对科学支出占财政支出比重依然具有显著负向影响。平均而言，投资目标每提高 1 个百分点，科学支出占财政支出的比重平均显著降低 0.008 个百分点。第（3）列是被解释变量为医疗卫生与计划生育支出占财政支出比重的回归结果，可以看到，在控制官员晋升压力之后，投资目标的系数依然不显著，表明投资目标对医疗卫生与计划生育支出占财政支出比重依然没有显著影响。

表 5.7　　控制市委书记晋升的回归结果

变量	(1) *eduexp_fisexp*	(2) *tecexp_fisexp*	(3) *heaexp_fisexp*
invtarget	-0.057*** (0.008)	-0.008*** (0.002)	0.005 (0.006)
lngdppc	-0.016** (0.007)	-0.003 (0.002)	-0.005 (0.004)

续表

变量	(1) *eduexp_fisexp*	(2) *tecexp_fisexp*	(3) *heaexp_fisexp*
sec_gdp	-0.049** (0.02)	-0.009 (0.006)	0.038*** (0.011)
urban	0.008 (0.008)	0.003 (0.002)	0.002 (0.003)
lndensity	0.004 (0.003)	-0.003*** (0.001)	0.003* (0.002)
sjpro	0.001 (0.001)	0.0001 (0.0002)	-0.0004 (0.001)
常数项	0.362*** (0.066)	0.065*** (0.022)	0.089** (0.038)
地区固定效应	控制	控制	控制
时间固定效应	控制	控制	控制
样本量	3291	3299	2362
R - squared	0.799	0.736	0.832

注：括号内为聚类稳健标准误，标准误聚类在地级市层面，*、** 和 *** 分别代表在 10%、5% 和 1% 水平下显著。

表 5.8 是控制市委书记年龄的回归结果。第（1）列是被解释变量为教育支出占财政支出比重的回归结果，可以看到，在控制市委书记年龄之后，投资目标的系数依然为负，并且在 1% 的统计水平下显著，表明投资目标对教育支出占财政支出比重依然具有显著负向影响。平均而言，投资目标每提高 1 个百分点，教育支出占财政支出的比重平均显著降低 0.056 个百分点。第（2）列是被解释变量为科学支出占财政支出比重的回归结果，可以看到，在控制市委书记年龄之后，投资目标的系数依然为负，并且在 1% 的统计水平下显著，表明投资目标对科学支出占财政支出比重依然具有显著负向影响。平均而言，投资目标每提高 1 个百分点，科学支出占财政支出的比重平均显著降低 0.008 个百分点。第（3）列是被解释变量为医疗卫生与计划生育支出占财政支出比重的回归结果，可以看到，在控制市委书记年龄之后，投资目标的系数依然

不显著，表明投资目标对医疗卫生与计划生育支出占财政支出比重依然没有显著影响。

表 5.8　　控制市委书记年龄的回归结果

变量	(1) *eduexp_fisexp*	(2) *tecexp_fisexp*	(3) *heaexp_fisexp*
invtarget	-0.056 *** (0.008)	-0.008 *** (0.002)	0.006 (0.006)
lngdppc	-0.016 ** (0.006)	-0.003 (0.002)	-0.004 (0.004)
sec_gdp	-0.049 ** (0.019)	-0.009 (0.006)	0.037 *** (0.011)
urban	0.008 (0.008)	0.003 (0.002)	0.002 (0.003)
lndensity	0.003 (0.003)	-0.003 *** (0.001)	0.003 * (0.002)
sjage	0.0004 ** (0.0002)	4.61e-05 (5.30e-05)	1.76e-05 (0.0001)
常数项	0.344 *** (0.067)	0.063 *** (0.021)	0.087 ** (0.039)
地区固定效应	控制	控制	控制
时间固定效应	控制	控制	控制
样本量	3291	3299	2362
R-squared	0.800	0.736	0.832

注：括号内为聚类稳健标准误，标准误聚类在地级市层面，*、** 和 *** 分别代表在 10%、5% 和 1% 水平下显著。

表 5.9 是控制市委书记任期的回归结果。第（1）列是被解释变量为教育支出占财政支出比重的回归结果，可以看到，在控制市委书记任期之后，投资目标的系数依然为负，并且在 1% 的统计水平下显著，表明投资目标对教育支出占财政支出比重依然具有显著负向影响。平均而言，投资目标每提高 1 个百分点，教育支出占财政支出的比重平均显著降低 0.054 个百分点。第（2）列是被解释变量为科学支出占财政支出

比重的回归结果，可以看到，在控制市委书记任期之后，投资目标的系数依然为负，并且在1%的统计水平下显著，表明投资目标对科学支出占财政支出比重依然具有显著负向影响。平均而言，投资目标每提高1个百分点，科学支出占财政支出的比重平均显著降低0.008个百分点。第（3）列是被解释变量为医疗卫生与计划生育支出占财政支出比重的回归结果，可以看到，在控制市委书记任期之后，投资目标的系数依然不显著，表明投资目标对医疗卫生与计划生育支出占财政支出比重依然没有显著影响。

表5.9　　控制市委书记任期的回归结果

变量	(1) *eduexp_fisexp*	(2) *tecexp_fisexp*	(3) *heaexp_fisexp*
invtarget	-0.054*** (0.008)	-0.008*** (0.002)	0.004 (0.006)
lngdppc	-0.017** (0.006)	-0.003 (0.002)	-0.005 (0.004)
sec_gdp	-0.046** (0.019)	-0.01* (0.006)	0.037*** (0.011)
urban	0.009 (0.008)	0.004 (0.002)	0.002 (0.003)
lndensity	0.004 (0.003)	-0.003*** (0.001)	0.003* (0.002)
sjtenure	-0.0003 (0.0003)	-5.79e-05 (9.73e-05)	-0.0002 (0.0002)
常数项	0.366*** (0.065)	0.064*** (0.022)	0.091** (0.038)
地区固定效应	控制	控制	控制
时间固定效应	控制	控制	控制
样本量	3324	3332	2365
R-squared	0.796	0.735	0.828

注：括号内为聚类稳健标准误，标准误聚类在地级市层面，*、**和***分别代表在10%、5%和1%水平下显著。

因此，无论是控制官员晋升压力，还是控制市委书记年龄，抑或是控制市委书记任期，回归结果均与基准回归结果相同，投资目标均对教育支出占财政支出比重、科学支出占财政支出比重具有显著负向影响，对医疗卫生与计划生育支出占财政支出比重没有显著影响。这表明控制官员特征，对基准结果并没有影响，进一步支持了结论的稳健性。

（4）控制地区竞争

地区竞争既会影响投资目标的设定，也会影响民生性支出占比。本节在基准回归的基础上进一步控制地区竞争，参考许敬轩等（2020）的设定，地级市竞争程度通过省内地级市数量表示。控制地区竞争后的回归结果见表 5.10。

表 5.10 第（1）列是被解释变量为教育支出占财政支出比重的回归结果，可以看到，在控制地区竞争之后，投资目标的系数依然为负，并且在 1% 的统计水平下显著，表明投资目标对教育支出占财政支出比重依然具有显著负向影响。平均而言，投资目标每提高 1 个百分点，教育支出占财政支出的比重平均显著降低 0.057 个百分点。第（2）列是被解释变量为科学支出占财政支出比重的回归结果，可以看到，在控制地区竞争之后，投资目标的系数依然为负，并且在 1% 的统计水平下显著，表明投资目标对科学支出占财政支出比重依然具有显著负向影响。平均而言，投资目标每提高 1 个百分点，科学支出占财政支出的比重平均显著降低 0.006 个百分点。第（3）列是被解释变量为医疗卫生与计划生育支出占财政支出比重的回归结果，可以看到，在控制地区竞争之后，投资目标的系数依然不显著，表明投资目标对医疗卫生与计划生育支出占财政支出比重依然没有显著影响。

因此，控制地区竞争后，投资目标依然对教育支出占财政支出的比重、科学支出占财政支出比重具有显著负向影响，对医疗卫生与计划生育支出占财政支出比重没有显著影响，这均与基准回归结果相同，再次证实了基准结论的稳健性。

表 5.10 控制地区竞争的回归结果

变量	(1) *eduexp_fisexp*	(2) *tecexp_fisexp*	(3) *heaexp_fisexp*
invtarget	-0.057*** (0.008)	-0.006*** (0.002)	0.005 (0.006)
lngdppc	-0.02*** (0.007)	-0.002 (0.002)	-0.005 (0.004)
sec_gdp	-0.035* (0.019)	-0.015*** (0.005)	0.036*** (0.012)
urban	0.009 (0.008)	0.004* (0.002)	0.002 (0.003)
lndensity	0.003 (0.003)	-0.002*** (0.0012)	0.003* (0.002)
city_no	0.008** (0.004)	-0.004** (0.002)	4.24e-05 (0.001)
常数项	0.292*** (0.078)	0.097*** (0.03)	0.09** (0.039)
地区固定效应	控制	控制	控制
时间固定效应	控制	控制	控制
样本量	3329	3337	2368
R-squared	0.797	0.738	0.828

注：括号内为聚类稳健标准误，标准误聚类在地级市层面，*、** 和 *** 分别代表在 10%、5% 和 1% 水平下显著。

（5）控制省固定效应与年份固定效应的交互项

本节进一步控制省固定效应与年份固定效应的交互项，以剔除可能受到的来自省政府的影响，实证结果参见表 5.11。

表 5.11 第（1）列是被解释变量为教育支出占财政支出比重的回归结果，可以看到，在控制省固定效应与年份固定效应的交互项之后，投资目标的系数依然为负，并且在 1% 的统计水平下显著，表明投资目标对教育支出占财政支出比重依然具有显著负向影响。平均而言，投资目标每提高 1 个百分点，教育支出占财政支出的比重平均显著降低

0.021 个百分点。第（2）列是被解释变量为科学支出占财政支出比重的回归结果，可以看到，在控制省固定效应与年份固定效应的交互项之后，投资目标的系数依然为负，并且在 1% 的统计水平下显著，表明投资目标对科学支出占财政支出比重依然具有显著负向影响。平均而言，投资目标每提高 1 个百分点，科学支出占财政支出的比重平均显著降低 0.008 个百分点。第（3）列是被解释变量为医疗卫生与计划生育支出占财政支出比重的回归结果，可以看到，在控制省固定效应与年份固定效应的交互项之后，投资目标的系数依然不显著，表明投资目标对医疗卫生与计划生育支出占财政支出比重依然没有显著影响。

因此，控制省固定效应与年份固定效应的交互项，依然不改变基准结果，即投资目标依然对教育支出占财政支出的比重、科学支出占财政支出比重具有显著负向影响，对医疗卫生与计划生育支出占财政支出比重没有显著影响。

表 5.11　控制省固定效应与年份固定效应交互项的回归结果

变量	(1) *eduexp_fisexp*	(2) *tecexp_fisexp*	(3) *heaexp_fisexp*
invtarget	-0.021** (0.009)	-0.008*** (0.002)	-0.003 (0.007)
lngdppc	-0.028*** (0.007)	-0.007*** (0.002)	0.006 (0.005)
sec_gdp	-0.064** (0.025)	-0.01** (0.005)	0.002 (0.012)
urban	0.001 (0.006)	-0.001 (0.002)	-0.003 (0.003)
lndensity	-0.003 (0.003)	-0.001 (0.001)	0.002 (0.002)
常数项	0.526*** (0.073)	0.093*** (0.021)	0.002 (0.047)
地区固定效应	控制	控制	控制
时间固定效应	控制	控制	控制
省份与年份固定效应交互项	控制	控制	控制
样本量	3305	3313	2352
R - squared	0.871	0.849	0.889

注：括号内为聚类稳健标准误，标准误聚类在地级市层面，*、** 和 *** 分别代表在 10%、5% 和 1% 水平下显著。

(6) 工具变量法估计

本节接下来通过工具变量法重新估计投资目标对民生性支出的影响。将省内其他市投资目标的均值作为某市投资目标的工具变量，理由在于：第一，某地级市投资目标与省内其他地级市投资目标的均值具有较强的相关关系，满足相关性假设；第二，省内其他地级市投资目标并不直接影响某地级市的政府民生性支出，而只能通过该地级市投资目标来发挥作用，满足外生性假设。运用工具变量法估计的回归结果参见表5.12。

表5.12第（1）列是被解释变量为教育支出占财政支出比重的回归结果，可以看到，F统计量为71.22，远大于10，表明不存在弱工具变量的问题。投资目标的系数依然为负，并且在1%的统计水平下显著，表明投资目标对教育支出占财政支出比重依然具有显著负向影响。平均而言，投资目标每提高1个百分点，教育支出占财政支出的比重平均显著降低0.033个百分点。第（2）列是被解释变量为科学支出占财政支出比重的回归结果，可以看到，F统计量为71.48，也远大于10，表明不存在弱工具变量的问题。投资目标的系数依然为负，并且在1%的统计水平下显著，表明投资目标对科学支出占财政支出比重依然具有显著负向影响。平均而言，投资目标每提高1个百分点，科学支出占财政支出的比重平均显著降低0.007个百分点。第（3）列是被解释变量为医疗卫生与计划生育支出占财政支出比重的回归结果，可以看到，F统计量为105.99，也表明不存在弱工具变量问题。投资目标的系数不显著，表明投资目标对医疗卫生与计划生育支出占财政支出比重依然没有显著影响。

因此，运用工具变量法估计对基准结果没有影响，投资目标依然对教育支出占财政支出的比重、科学支出占财政支出比重具有显著负向影响，对医疗卫生与计划生育支出占财政支出比重没有显著影响。这再次证实了基准结果的稳健性、有效性。

表 5.12　工具变量法估计的回归结果

变量	(1) *eduexp_fisexp*	(2) *tecexp_fisexp*	(3) *heaexp_fisexp*
invtarget	-0.033*** (0.009)	-0.007*** (0.002)	-0.005 (0.006)
lngdppc	-0.028*** (0.007)	-0.007*** (0.002)	0.006 (0.005)
sec_gdp	-0.063** (0.025)	-0.01** (0.005)	0.003 (0.012)
urban	0.004 (0.006)	-0.001 (0.002)	-0.003 (0.003)
lndensity	-0.003 (0.003)	-0.001 (0.0011)	0.002 (0.002)
地区固定效应	控制	控制	控制
时间固定效应	控制	控制	控制
省份与年份固定效应交互项	控制	控制	控制
F 值	71.22	71.48	105.99
样本量	3305	3313	2352
R - squared	0.065	0.051	0.005

注：括号内为聚类稳健标准误，标准误聚类在地级市层面，*、** 和 *** 分别代表在 10%、5% 和 1% 水平下显著。

(7) 考虑城市级别的影响

城市级别可能对基准结果产生影响。在中国的地级市中，副省级城市（包含计划单列市）和省会城市是两种特殊的城市。副省级城市比普通地级市的级别高，在财政体制、管理权限等方面有较大差异。省会城市也往往得到省政府更大的支持，并且省会城市的市委书记通常由省委常委担任，比普通地级市市委书记的级别高，获得资源的能力更强。因此，本章在基准回归样本中分别剔除副省级城市、省会城市、副省级城市和省会城市的样本，以剔除城市级别可能产生的影响，实证结果参见表 5.13、表 5.14、表 5.15。

表 5.13 是非副省级城市样本的回归结果。第（1）列是被解释变

量为教育支出占财政支出比重的回归结果，可以看到，在剔除副省级城市样本之后，投资目标的系数依然为负，并且在1%的统计水平下显著，表明投资目标对教育支出占财政支出比重依然具有显著负向影响。平均而言，投资目标每提高1个百分点，教育支出占财政支出的比重平均显著降低0.053个百分点。第（2）列是被解释变量为科学支出占财政支出比重的回归结果，可以看到，在剔除副省级城市样本之后，投资目标的系数依然为负，并且在1%的统计水平下显著，表明投资目标对科学支出占财政支出比重依然具有显著负向影响。平均而言，投资目标每提高1个百分点，科学支出占财政支出的比重平均显著降低0.008个百分点。第（3）列是被解释变量为医疗卫生与计划生育支出占财政支出比重的回归结果，可以看到，在剔除副省级城市样本之后，投资目标的系数依然不显著，表明投资目标对医疗卫生与计划生育支出占财政支出比重依然没有显著影响。

表5.13　　　　非副省级城市样本的回归结果

变量	(1) *eduexp_fisexp*	(2) *tecexp_fisexp*	(3) *heaexp_fisexp*
invtarget	-0.053*** (0.008)	-0.008*** (0.002)	0.005 (0.006)
lngdppc	-0.014** (0.007)	-0.002 (0.002)	-0.007* (0.004)
sec_gdp	-0.044** (0.02)	-0.009 (0.006)	0.037*** (0.011)
urban	0.007 (0.008)	0.002 (0.002)	0.003 (0.003)
lndensity	0.005* (0.003)	-0.003*** (0.001)	0.004** (0.002)
常数项	0.334*** (0.067)	0.057** (0.023)	0.113*** (0.038)
地区固定效应	控制	控制	控制
时间固定效应	控制	控制	控制
样本量	3161	3168	2252
R - squared	0.787	0.726	0.826

注：括号内为聚类稳健标准误，标准误聚类在地级市层面，*、**和***分别代表在10%、5%和1%水平下显著。

表 5.14 是非省会城市样本的回归结果。第（1）列是被解释变量为教育支出占财政支出比重的回归结果，可以看到，在剔除省会城市样本之后，投资目标的系数依然为负，并且在 1% 的统计水平下显著，表明投资目标对教育支出占财政支出比重依然具有显著负向影响。平均而言，投资目标每提高 1 个百分点，教育支出占财政支出的比重平均显著降低 0.053 个百分点。第（2）列是被解释变量为科学支出占财政支出比重的回归结果，可以看到，在剔除省会城市样本之后，投资目标的系数依然为负，并且在 1% 的统计水平下显著，表明投资目标对科学支出占财政支出比重依然具有显著负向影响。平均而言，投资目标每提高 1 个百分点，科学支出占财政支出的比重平均显著降低 0.008 个百分点。第（3）列是被解释变量为医疗卫生与计划生育支出占财政支出比重的回归结果，可以看到，在剔除省会城市样本之后，投资目标的系数依然不显著，表明投资目标对医疗卫生与计划生育支出占财政支出比重依然没有显著影响。

表 5.14　　非省会城市样本的回归结果

变量	(1) *eduexp_fisexp*	(2) *tecexp_fisexp*	(3) *heaexp_fisexp*
invtarget	-0.053*** (0.008)	-0.008*** (0.002)	0.007 (0.006)
lngdppc	-0.016** (0.007)	-0.003 (0.002)	-0.006 (0.004)
sec_gdp	-0.039** (0.02)	-0.009 (0.006)	0.034*** (0.011)
urban	0.006 (0.008)	0.002 (0.002)	0.003 (0.003)
lndensity	0.005 (0.003)	-0.003*** (0.001)	0.004** (0.002)
常数项	0.349*** (0.067)	0.061*** (0.023)	0.097** (0.04)
地区固定效应	控制	控制	控制

续表

变量	(1) *eduexp_fisexp*	(2) *tecexp_fisexp*	(3) *heaexp_fisexp*
时间固定效应	控制	控制	控制
样本量	3001	3009	2150
R - squared	0.792	0.728	0.827

注：括号内为聚类稳健标准误，标准误聚类在地级市层面，* 、** 和 *** 分别代表在 10% 、5% 和 1% 水平下显著。

进一步地，本书把副省级城市和省会城市样本同时剔除掉，回归结果参见表 5.15。第（1）列是被解释变量为教育支出占财政支出比重的回归结果，第（2）列是被解释变量为科学支出占财政支出比重的回归结果，第（3）列是被解释变量为医疗卫生与计划生育支出占财政支出比重的回归结果。可以看到，同时剔除副省级城市和省会城市样本之后，实证结果与分别剔除副省级城市、省会城市样本的结果几乎完全相同，也与基准回归结果基本相同，即投资目标提高，地方政府会显著降低教育支出占财政支出比重和科学支出占财政支出比重，而对医疗卫生与计划生育支出占财政支出比重没有显著影响。平均而言，投资目标每提高 1 个百分点，教育支出占财政支出的比重平均显著降低 0.053 个百分点，科学支出占财政支出的比重平均显著降低 0.008 个百分点。

因此，剔除城市级别的影响后，实证结果与基准结果基本相同，这说明城市级别对实证结论基本没有影响，再一次证实了结论的稳健性。

表 5.15　非副省级城市和非省会城市样本的回归结果

变量	(1) *eduexp_fisexp*	(2) *tecexp_fisexp*	(3) *heaexp_fisexp*
invtarget	-0.053*** (0.008)	-0.008*** (0.002)	0.008 (0.006)
lngdppc	-0.015** (0.007)	-0.002 (0.002)	-0.007* (0.004)
sec_gdp	-0.039** (0.02)	-0.009 (0.006)	0.036*** (0.011)

续表

变量	(1) *eduexp_fisexp*	(2) *tecexp_fisexp*	(3) *heaexp_fisexp*
urban	0.005 (0.008)	0.002 (0.002)	0.004 (0.003)
lndensity	0.004 (0.003)	-0.003*** (0.001)	0.004*** (0.002)
常数项	0.34*** (0.068)	0.058** (0.024)	0.111*** (0.04)
地区固定效应	控制	控制	控制
时间固定效应	控制	控制	控制
样本量	2959	2967	2119
R - squared	0.788	0.721	0.825

注：括号内为聚类稳健标准误，标准误聚类在地级市层面，*、** 和 *** 分别代表在 10%、5% 和 1% 水平下显著。

5.3.4　异质性分析

(1) 是否完成目标的异质性

地方政府是否完成目标可能影响民生性支出。对于完成投资目标的地方政府而言，投资目标对民生性支出的影响可能较强；而对于未完成投资目标的地方政府而言，投资目标对民生性支出的影响可能较弱，甚至不存在。为此，本节根据实际投资增速是否大于投资目标，将样本分为完成目标组和未完成目标组，重新进行实证估计，回归结果参见表 5.16 和表 5.17。

表 5.16 是完成目标样本的回归结果。第（1）列是被解释变量为教育支出占财政支出比重的回归结果，可以看到，在完成目标的样本中，投资目标的系数依然为负，并且在 1% 的统计水平下显著，平均而言，投资目标每提高 1 个百分点，教育支出占财政支出的比重平均显著降低 0.062 个百分点，这一负向影响强于基准回归结果（0.053）。第（2）列是被解释变量为科学支出占财政支出比重的回归结果，可以看

到，在完成目标的样本中，投资目标的系数依然为负，并且在1%的统计水平下显著，平均而言，投资目标每提高1个百分点，科学支出占财政支出的比重平均显著降低0.012个百分点，这一负向影响也强于基准回归结果（0.008）。第（3）列是被解释变量为医疗卫生与计划生育支出占财政支出比重的回归结果，可以看到，在完成目标的样本中，投资目标的系数依然不显著。因此，在完成目标的样本中，投资目标对教育支出占财政支出比重、科学支出占财政支出比重具有显著负向影响，并且抑制效应更强。

表 5.16　　完成目标样本的回归结果

变量	(1) *eduexp_fisexp*	(2) *tecexp_fisexp*	(3) *heaexp_fisexp*
invtarget	-0.062*** (0.01)	-0.012*** (0.002)	0.005 (0.007)
lngdppc	-0.017** (0.007)	-0.007*** (0.003)	-0.004 (0.005)
sec_gdp	-0.052** (0.024)	-0.018*** (0.006)	0.058*** (0.013)
urban	0.012 (0.009)	0.005* (0.002)	-0.001 (0.005)
lndensity	0.002 (0.003)	-0.003*** (0.001)	0.003 (0.002)
常数项	0.381*** (0.071)	0.110*** (0.026)	0.075 (0.05)
地区固定效应	控制	控制	控制
时间固定效应	控制	控制	控制
样本量	2049	2050	1349
R - squared	0.809	0.771	0.828

注：括号内为聚类稳健标准误，标准误聚类在地级市层面，*、** 和 *** 分别代表在10%、5%和1%水平下显著。

表5.17是未完成目标样本的回归结果。第（1）列是被解释变量为教育支出占财政支出比重的回归结果，可以看到，在未完成目标的样

本中，投资目标的系数显著为负，平均而言，投资目标每提高 1 个百分点，教育支出占财政支出的比重平均显著降低 0.037 个百分点，这一负向影响小于基准回归结果（0.053）。第（2）列是被解释变量为科学支出占财政支出比重的回归结果，第（3）列是被解释变量为医疗卫生与计划生育支出占财政支出比重的回归结果，可以看到，在未完成目标的样本中，投资目标的系数均不显著，表明投资目标提高，对科学支出占财政支出的比重、医疗卫生与计划生育支出占比没有显著影响。

因此，投资目标对地方政府民生性支出的影响与是否完成目标有关。对于完成目标的地方而言，投资目标提高，地方政府会显著降低教育支出占财政支出的比重、科学支出占财政支出比重，而且抑制效果更强；而对于未完成目标的地方而言，投资目标对地方政府民生性支出的影响较弱，甚至没有显著影响。

表 5.17　未完成目标样本的回归结果

变量	(1) *eduexp_fisexp*	(2) *tecexp_fisexp*	(3) *heaexp_fisexp*
invtarget	-0.037*** (0.011)	-0.006 (0.004)	0.005 (0.007)
lngdppc	-0.015 (0.009)	0.0002 (0.003)	-0.007 (0.006)
sec_gdp	-0.038 (0.026)	-0.006 (0.008)	0.012 (0.017)
urban	0.001 (0.009)	0.002 (0.003)	0.002 (0.004)
lndensity	0.006 (0.006)	0.001 (0.002)	0.002 (0.003)
常数项	0.337*** (0.096)	0.008 (0.025)	0.133** (0.058)
地区固定效应	控制	控制	控制
时间固定效应	控制	控制	控制
样本量	1243	1251	979
R - squared	0.853	0.784	0.903

注：括号内为聚类稳健标准误，标准误聚类在地级市层面，*、** 和 *** 分别代表在 10%、5% 和 1% 水平下显著。

（2）新时代前后的异质性

从党的十八大开始，中国特色社会主义进入新时代，我国社会的主要矛盾转化为“人民日益增长的美好生活需要和不平衡不充分的发展之间的矛盾”。相应地，我国政府的施政目标转向推动协调发展、推进“五位一体”。地方政府更加重视基本公共服务支出，强调财政支出的民生保障作用。为此，将样本分为新时代之前和新时代之后，分别观察新时代之前和新时代之后投资目标对民生性支出的影响，回归结果参见表 5.18 和表 5.19。

表 5.18 报告了新时代之前投资目标对民生性支出的回归结果。第（1）列是被解释变量为教育支出占财政支出比重的回归结果，可以看到，新时代之前，投资目标的系数为负，并且在 1% 的统计水平下显著，平均而言，投资目标每提高 1 个百分点，教育支出占财政支出的比重平均显著降低 0.06 个百分点，这一负向影响强于基准回归结果（0.053）。第（2）列是被解释变量为科学支出占财政支出比重的回归结果，可以看到，新时代之前，投资目标的系数为负，并且在 1% 的统计水平下显著，平均而言，投资目标每提高 1 个百分点，科学支出占财政支出的比重平均显著降低 0.013 个百分点，这一负向影响也强于基准回归结果（0.008）。第（3）列是被解释变量为医疗卫生与计划生育支出占财政支出比重的回归结果，可以看到，新时代之前，投资目标的系数依然不显著。因此，新时代之前，投资目标对教育支出占财政支出比重、科学支出占财政支出比重具有显著负向影响，并且抑制效应更强。

表 5.18　　新时代之前样本的回归结果

变量	(1) *eduexp_fisexp*	(2) *tecexp_fisexp*	(3) *heaexp_fisexp*
invtarget	-0.06*** (0.01)	-0.013*** (0.002)	-0.001 (0.006)
lngdppc	-0.022*** (0.007)	-0.007*** (0.002)	-0.012** (0.005)

续表

变量	(1) *eduexp_fisexp*	(2) *tecexp_fisexp*	(3) *heaexp_fisexp*
sec_gdp	-0.05 ** (0.02)	-0.022 *** (0.006)	0.066 *** (0.016)
urban	-0.008 (0.008)	0.005 (0.003)	-0.003 (0.006)
lndensity	0.002 (0.002)	-0.002 ** (0.001)	0.001 (0.002)
常数项	0.435 *** (0.068)	0.108 *** (0.022)	0.155 *** (0.053)
地区固定效应	控制	控制	控制
时间固定效应	控制	控制	控制
样本量	2310	2313	1493
R - squared	0.829	0.757	0.802

注：括号内为聚类稳健标准误，标准误聚类在地级市层面，*、** 和 *** 分别代表在 10%、5% 和 1% 水平下显著。

表 5.19 报告了新时代之后投资目标对民生性支出的回归结果。第（1）列是被解释变量为教育支出占财政支出比重的回归结果，第（2）列是被解释变量为科学支出占财政支出比重的回归结果，第（3）列是被解释变量为医疗卫生与计划生育支出占财政支出比重的回归结果，可以看到，新时代之后，投资目标的系数均不显著，表明投资目标对教育支出占财政支出比重、科学支出占财政支出比重、医疗卫生与计划生育支出占财政支出比重均没有显著负向影响。

因此，投资目标对地方政府民生性支出的影响与新时代前后有关。新时代之前，投资目标提高，地方政府会显著降低教育支出占财政支出的比重、科学支出占财政支出比重，而且抑制效果更强；而新时代之后，地方政府更加重视保障改善民生，投资目标对民生性支出不再具有显著影响。

表 5.19　　新时代之后样本的回归结果

变量	(1) *eduexp_fisexp*	(2) *tecexp_fisexp*	(3) *heaexp_fisexp*
invtarget	-0.021 (0.015)	-0.001 (0.004)	0.008 (0.011)
lngdppc	-0.031*** (0.01)	0.01*** (0.003)	-0.011* (0.006)
sec_gdp	-0.007 (0.026)	0.005 (0.007)	-0.029 (0.02)
urban	0.016 (0.018)	-0.002 (0.003)	0.005 (0.01)
lndensity	-0.004 (0.008)	-0.001 (0.002)	-0.005 (0.003)
常数项	0.527*** (0.103)	-0.089*** (0.031)	0.246*** (0.059)
地区固定效应	控制	控制	控制
时间固定效应	控制	控制	控制
样本量	1016	1023	834
R - squared	0.923	0.933	0.922

注：括号内为聚类稳健标准误，标准误聚类在地级市层面，*、** 和 *** 分别代表在 10%、5% 和 1% 水平下显著。

5.3.5　进一步分析

投资目标提高，地方政府为了实现目标，会显著降低教育支出占财政支出的比重、科学支出占财政支出比重，但对医疗卫生与计划生育支出占财政支出比重没有显著影响。那么，一个很自然的问题是，地方政府的民生性支出对实际投资水平有抑制作用吗？为回答此问题，本节将地方政府的民生性支出［通过教育支出占财政支出的比重（*eduexp_fisexp*）、科学支出占财政支出比重（*tecexp_fisexp*）、医疗卫生与计划生育支出占财政支出比重（*heaexp_fisexp*）度量］作为核心解释变量，将实际投资水平（通过投资增速、投资占 GDP 的比重度量）作为被解释变量，通过双向固定效应模型重新进行实证估计，估计结果参见表 5.20 和表 5.21。

表 5.20 报告了地方政府民生性支出对实际投资增速影响的回归结果。第（1）列的核心解释变量是教育支出占财政支出的比重，可以看到，教育支出占财政支出的比重的系数为负，并且在 1% 的统计水平下显著，平均而言，教育支出占财政支出的比重每提高 1 个百分点，实际投资增速平均显著降低 0.529 个百分点。第（2）列的核心解释变量是科学支出占财政支出的比重，可以看到，科学支出占财政支出的比重的系数为负，并且在 5% 的统计水平下显著，平均而言，科学支出占财政支出的比重每提高 1 个百分点，实际投资增速平均显著降低 1.326 个百分点。第（3）列的核心解释变量是医疗卫生与计划生育支出占财政支出的比重，可以看到，医疗卫生与计划生育支出占财政支出的比重的系数不显著，表明地方政府提高医疗卫生与计划生育支出占比，对投资增速没有显著影响。

表 5.20　地方政府民生性支出对投资增速影响的回归结果

变量	(1) *invgrowth*	(2) *invgrowth*	(3) *invgrowth*
eduexp_fisexp	-0.529*** (0.155)		
tecexp_fisexp		-1.326** (0.574)	
heaexp_fisexp			0.196 (0.328)
lngdppc	-0.041 (0.039)	-0.039 (0.04)	0.027 (0.054)
sec_gdp	0.141 (0.105)	0.178* (0.107)	0.094 (0.16)
urban	0.042 (0.041)	0.044 (0.038)	0.047 (0.041)
lndensity	0.015 (0.015)	0.011 (0.015)	0.002 (0.018)

续表

变量	(1) *invgrowth*	(2) *invgrowth*	(3) *invgrowth*
常数项	0.578 (0.384)	0.476 (0.389)	-0.145 (0.550)
地区固定效应	控制	控制	控制
时间固定效应	控制	控制	控制
样本量	3570	3577	2489
R - squared	0.327	0.327	0.412

注：括号内为聚类稳健标准误，标准误聚类在地级市层面，*、** 和 *** 分别代表在 10%、5% 和 1% 水平下显著。

表 5.21 报告了地方政府民生性支出对投资占 GDP 比重的回归结果。第（1）列的核心解释变量是教育支出占财政支出的比重，可以看到，教育支出占财政支出的比重的系数为负，并且在 1% 的统计水平下显著，平均而言，教育支出占财政支出的比重每提高 1 个百分点，投资占 GDP 比重平均显著降低 1.184 个百分点。第（2）列的核心解释变量是科学支出占财政支出的比重，可以看到，科学支出占财政支出的比重的系数为负，并且在 5% 的统计水平下显著，平均而言，科学支出占财政支出的比重每提高 1 个百分点，投资占 GDP 比重平均显著降低 2.964 个百分点。第（3）列的核心解释变量是医疗卫生与计划生育支出占财政支出的比重，可以看到，医疗卫生与计划生育支出占财政支出的比重的系数不显著，表明地方政府提高医疗卫生与计划生育支出占比，对投资占 GDP 比重没有显著影响。

表 5.21　地方政府民生性支出对投资占 GDP 比重影响的回归结果

变量	(4) *inv_gdp*	(5) *inv_gdp*	(6) *inv_gdp*
eduexp_fisexp	-1.184*** (0.203)		
tecexp_fisexp		-2.964*** (0.949)	

续表

变量	(4) *inv_gdp*	(5) *inv_gdp*	(6) *inv_gdp*
heaexp_fisexp			0.202 (0.396)
lngdppc	0.015 (0.049)	0.011 (0.052)	0.149* (0.08)
sec_gdp	0.683*** (0.145)	0.744*** (0.151)	0.531** (0.251)
urban	0.04 (0.056)	0.037 (0.056)	0.073 (0.056)
lndensity	0.003 (0.021)	-0.007 (0.023)	-0.025 (0.024)
常数项	0.342 (0.507)	0.226 (0.530)	-0.99 (0.806)
地区固定效应	控制	控制	控制
时间固定效应	控制	控制	控制
样本量	3654	3665	2488
R - squared	0.756	0.744	0.752

注：括号内为聚类稳健标准误，标准误聚类在地级市层面，*、** 和 *** 分别代表在 10%、5% 和 1% 水平下显著。

因此，地方政府提高教育支出占财政支出的比重、科学支出占财政支出的比重，均对实际投资增速、投资占 GDP 的比重具有显著负向影响，而提高医疗卫生与计划生育支出占财政支出的比重，则对实际投资增速、投资占 GDP 的比重没有显著影响。这也就不难理解地方政府面对投资目标所作出的民生性支出行为了。

5.4　小　结

本章研究了投资目标对民生性支出的影响。理论模型部分推导得到：投资目标对政府民生性支出占比具有负向影响。实证分析部分基于地级市面板数据，通过双向固定效应模型发现，投资目标提高，地方政府会显著降低教育支出比重占财政支出的比重和科学支出占财政支出的比重，但对医疗卫生与计划生育支出占财政支出的比重没有显著影响。平均而言，投资目标每提高 1 个百分点，教育支出占财政支出的比重平均显著降低 0.053 个百分点，科学支出占财政支出的比重平均显著降低 0.008 个百分点。这一结论在替换核心解释变量、控制财政分权、控制官员特征、运用工具变量法估计、考虑城市级别等一系列因素之后仍是稳健的，但在以是否完成目标、新时代前后分组的样本中呈现出异质性。进一步地，本章还考察了政府民生性支出对投资增速和投资占 GDP 比重的影响，发现：教育支出占财政支出的比重、科学支出占财政支出的比重提高，会显著降低实际投资水平，即显著降低实际投资增速和投资占 GDP 比重，而医疗卫生与计划生育支出占财政支出的比重提高，则对实际投资增速和投资占 GDP 的比重没有显著影响。

第 6 章

主要结论与政策建议

政府目标是政府凝聚共识、调动资源、动员各方面力量的重要手段。在实践中，目标往往会与政绩考核相挂钩，它会层层分解到各部门和各下级政府，并进一步落实到具体组织和人，这使得各级政府都要贯彻落实目标，有些地方甚至签订“目标责任书”或“目标责任状”来保证目标实现。这样，各级政府的各项工作都会围绕推动目标实现而展开。因此可以说，政府目标体现政府意图，影响政府行为，为解释地方政府财政行为提供了一个新的绝佳视角。既有研究主要关注经济增长目标的影响，却鲜有研究关注于投资目标的影响。近年来，党和国家高度关注财政支出，党的十八大、十九大、二十大等一系列重要会议强调“优化财政支出结构”“增加基本公共服务供给”等。为此，本书聚焦于财政支出行为，研究投资目标对财政支出行为的影响。

6.1　主要结论

本书通过理论模型和实证分析研究投资目标对地方政府财政支出行为的影响。结论主要包括以下三点：

第一，本书第3章研究了投资目标对财政支出规模的影响。理论模型部分推导得到：投资目标对政府支出占比的影响与政府支出占比有关，当政府支出占比在一定范围内，投资目标提高会使得政府增加支出；当政府支出占比过高时，投资目标提高会使得政府减少支出。实证分析部分基于地级市面板数据，通过双向固定效应模型发现，投资目标提高，地方政府会显著增加财政支出规模。平均而言，投资目标每提高1个百分点，政府支出占GDP的比重将显著提高0.06个百分点。这一结论在替换核心解释变量、控制地区竞争、控制财政分权、控制官员特征、运用工具变量法估计、考虑城市级别等一系列因素之后仍是稳健的，但在以是否完成目标、新时代前后分组的样本中呈现出异质性。进一步地，本书还考察了财政支出规模对实际投资水平（通过投资增速和投资占 GDP 比重两个指标度量）的影响，发现：财政支出规模提高，会显著提高实际投资水平。

第二，本书第 4 章研究了投资目标对生产性支出的影响。理论模型部分推导得到：投资目标对政府生产性支出占比具有正向影响。实证分析部分基于地级市面板数据，通过双向固定效应模型发现，投资目标提高，地方政府会显著增加生产性支出比重。平均而言，投资目标每提高 1 个百分点，地方政府基建投资占财政支出的比重将显著提高约 0.04 个百分点。这一结论在替换核心解释变量、考虑财政支出分类改革、控制财政分权、控制官员特征、运用工具变量法估计、考虑城市级别等一系列因素之后仍是稳健的，但在以是否完成目标、新时代前后分组的样本中呈现出异质性。进一步地，本书还考察了政府生产性支出对实际投资水平的影响，发现：生产性支出占比提高，会显著提高投资增速和投资占 GDP 比重。

第三，本书第 5 章研究了投资目标对民生性支出的影响。理论模型部分推导得到：投资目标对政府民生性支出占比具有负向影响。实证分析部分基于地级市面板数据，通过双向固定效应模型发现，投资目标提高，地方政府会显著降低教育支出占财政支出的比重、科学支出占财政支出的比重，对医疗卫生与计划生育支出没有显著影响。平均而言，投资目标每提高 1 个百分点，教育支出占财政支出的比重平均显著降低 0.053 个百分点，科学支出占财政支出的比重平均显著降低 0.008 个百分点。这一结论在替换核心解释变量、控制财政分权、控制官员特征、运用工具变量法估计、考虑城市级别等一系列因素之后仍是稳健的，但在以是否完成目标、新时代前后分组的样本中呈现出异质性。进一步地，本书还考察了政府民生性支出对投资增速和投资占 GDP 比重的影响，发现：教育支出占财政支出的比重、科学支出占财政支出的比重提高，会显著降低实际投资水平，即显著降低投资增速和投资占 GDP 比重。

6.2　政策建议

在中国特色社会主义政治经济制度下，地方政府发挥了极大的作用，其财政行为对地区经济社会发展、居民福利、企业绩效都有着十分重要的影响。本书从投资目标的新视角研究了中国地方政府财政支出行为，得到的结论具有很强的现实意义。根据研究结论，本书提出以下三方面的政策建议。

第一，完善干部考核制度。干部考核制度保障了地方政府目标的实现，科学的干部考核制度对地方政府目标及其财政行为均有显著的影响。在地方政府目标中，地方政府更加重视经济发展类目标，而对民生发展类目标关注不足。因此，应完善干部考核制度，统筹兼顾经济发展与民生发展、社会发展等其他各项事业发展，适当降低经济发展类指标考核权重，适当增加民生发展类指标考核权重，使地方政府更为重视民生发展类目标。

第二，地方政府应确定适度的投资目标，优化政府支出结构，统筹兼顾短期发展与长期发展，推动人力资本投资，促进技术进步和经济高质量发展。本书研究发现，投资目标对地方政府财政支出规模和基础设施投资等生产性支出具有显著正向影响，但对教育支出、科学支出等民生性支出具有显著负向影响。在经济发展的早期，通过加大基础设施投资快速提高物质资本积累，实现经济迅速起飞，是很有必要的。但是随着经济的发展，经济增长就要由投资驱动转向创新驱动，这就需要优化政府支出结构，提高科教支出占比，增加人力资本投资，促进技术进步，为经济长期持续发展提供支持和动力。因此，应当确定适度的投资目标，统筹兼顾短期发展与长期发展，促进经济高质量发展。

第三，继续坚持和推进服务型政府建设。新时代之后，我国全面深化改革，地方政府不再过于追求经济增长，不再为实现投资目标而扩大支出规模、扭曲支出结构，而是注重转变政府职能、优化支出结构，应当继续坚持这一改革方向。即便当前我国正着力发展经济，寄希望于通过政府投资带动全社会投资，从而扩大内需、推动经济增长，但由此引发的扭曲财政支出结构的风险值得重视。因此，可以适度增加或加强教育支出、科技支出等基本公共服务支出方面的目标考核，促进地方政府重视基本公共服务，提高公共服务支出占比。

参考文献

[1] 巴曙松，朱伟豪．产权性质、政治关联与企业税收负担［J］．金融发展研究，2017（08）：3－14.

[2] 白默，刘志远．基于制造业上市公司的减税预期与盈余管理研究［J］．证券市场导报，2010（11）：49－54.

[3] 白云霞，唐伟正，刘刚．税收计划与企业税负［J］．经济研究，2019，54（05）：98－112.

[4] 蔡昌．企业税负的影响因素及经济解释［J］．商学研究，2018，25（03）：13－19.

[5] 曹书军，刘星，傅蕴英．劳动雇佣与公司税负：就业鼓励抑或预算软约束［J］．中国工业经济，2009（05）：139－149.

[6] 曹书军，刘星，张婉君．财政分权、地方政府竞争与上市公司实际税负［J］．世界经济，2009（04）：69－83.

[7] 曹书军，张婉君．企业实际所得税率影响因素及其稳定性研究——来自我国A股上市公司的经验证据［J］．财经论丛，2008（06）：30－36.

[8] 陈宝东，邓晓兰．财政分权、金融分权与地方政府债务增长［J］．财政研究，2017（05）：38－53.

[9] 陈工，陈习定，何玲玲．基于随机前沿的中国地方税收征管效率分析［J］．税务研究，2009（06）：82－85.

[10] 陈家喜．地方官员政绩激励的制度分析［J］．政治学研究，2018（03）：72－80＋128.

[11] 陈菁，李建发．财政分权、晋升激励与地方政府债务融资行为——基于城投债视角的省级面板经验证据［J］．会计研究，2015（01）：

61-67+97.

[12] 陈思霞，卢盛峰．“省直管县”弱化了资源的城市偏向性配置吗？——财政转移支付视角 [J]. 上海财经大学学报，2014，16（01）：87-95.

[13] 陈晓光．财政压力、税收征管与地区不平等 [J]. 中国社会科学，2016（04）：53-70+206.

[14] 崔兴芳，樊勇，吕冰洋．税收征管效率提高测算及对税收增长的影响 [J]. 税务研究，2006（04）：7-11.

[15] 崔玉卫．“营改增”改革的难点与对策探析 [J]. 会计之友，2013（36）：97-99.

[16] 邓聪．我国工业企业的税收负担及其影响因素 [D]. 济南：山东大学，2014.

[17] 董根泰．“营改增”降低了大中型企业税收负担吗？——基于浙江省上市公司数据的分析 [J]. 经济社会体制比较，2016（03）：94-104.

[18] 董志勇，邓丽．宏观税负的影响因素分析 [J]. 技术经济与管理研究，2010（03）：71-75.

[19] 杜漪，陈东北．增值税转型及相关行业税负分析 [J]. 当代财经，2009（04）：41-44.

[20] 樊勇．增值税抵扣制度对行业增值税税负影响的实证研究 [J]. 财贸经济，2012（01）：34-41.

[21] 樊勇，李昊楠．税收征管、纳税遵从与税收优惠——对金税三期工程的政策效应评估 [J]. 财贸经济，2020，41（05）：51-66.

[22] 范子英，彭飞．“营改增”的减税效应和分工效应：基于产业互联的视角 [J]. 经济研究，2017，52（02）：82-95.

[23] 范子英，田彬彬．税收竞争、税收执法与企业避税 [J]. 经济研究，2013，48（09）：99-111.

[24] 范子英，张军．粘纸效应：对地方政府规模膨胀的一种解释 [J]. 中国工业经济，2010（12）：5-15.

［25］范子英，赵仁杰．财政职权、征税努力与企业税负［J］．经济研究，2020，55（04）：101－117．

［26］封北麟．地方政府隐性债务问题分析及对策研究［J］．财政科学，2018（05）：55－62．

［27］冯慧．经济增长目标管理下地方政府竞争对环境污染的影响［J］．区域治理，2019（45）：215－217．

［28］付文林，沈坤荣．均等化转移支付与地方财政支出结构［J］．经济研究，2012，47（05）：45－57．

［29］傅勇，张晏．中国式分权与财政支出结构偏向：为增长而竞争的代价［J］．管理世界，2007（03）：4－12＋22．

［30］高培勇．中国税收持续高速增长之谜［J］．经济研究，2006（12）：13－23．

［31］耿曙，庞保庆，钟灵娜．中国地方领导任期与政府行为模式：官员任期的政治经济学［J］．经济学（季刊），2016，15（03）：893－916．

［32］龚志坚，鄢明海，晏争鸣．区域税收征管效率损失模型的解构与运用——基于税收征管资源配置视角的分析［J］．江西社会科学，2009（07）：106－108．

［33］郭婧，贾俊雪．地方政府预算是以收定支吗？——一个结构性因果关系理论假说［J］．经济研究，2017，52（10）：128－143．

［34］郭平，林晓飞．地方官员特征与民生财政支出——来自中国省长省委书记的证据［J］．地方财政研究，2018（03）：70－77．

［35］郭庆旺，贾俊雪．财政分权、政府组织结构与地方政府支出规模［J］．经济研究，2010，45（11）：59－72＋87．

［36］何德旭，苗文龙．财政分权是否影响金融分权——基于省际分权数据空间效应的比较分析［J］．经济研究，2016（02）：42－55．

［37］何杨，满燕云．地方政府债务融资的风险控制——基于土地财政视角的分析［J］．财贸经济，2012（05）：45－50．

［38］胡深，吕冰洋．经济增长目标与土地出让［J］．财政研究，2019（07）：46－59．

[39] 胡文龙，杜莹芬．企业税负衡量研究述评 [J]. 中国流通经济，2014，28（11）：115－122.

[40] 胡奕明，买买提依明·祖农．关于税、资本收益与劳动所得的收入分配实证研究 [J]. 经济研究，2013，48（08）：29－41.

[41] 胡祖铨，黄夏岚，刘怡．中央对地方转移支付与地方征税努力——来自中国财政实践的证据 [J]. 经济学（季刊），2013，12（03）：799－822.

[42] 黄春元，毛捷．财政状况与地方债务规模——基于转移支付视角的新发现 [J]. 财贸经济，2015（06）：18－31.

[43] 黄亮雄，马明辉，王贤彬．经济增长目标影响了企业风险承担吗？——基于市场和政府双重视角的考察 [J]. 财经研究，2021，47（01）：62－76＋93.

[44] 吉富星．地方政府隐性债务的实质、规模与风险研究 [J]. 财政研究，2018（11）：62－70.

[45] 冀云阳，付文林，束磊．地区竞争、支出责任下移与地方政府债务扩张 [J]. 金融研究，2019（01）：128－147.

[46] 贾俊雪，宁静．纵向财政治理结构与地方政府职能优化——基于省直管县财政体制改革的拟自然实验分析 [J]. 管理世界，2015（01）：7－17＋187.

[47] 贾俊雪，应世为．财政分权与企业税收激励——基于地方政府竞争视角的分析 [J]. 中国工业经济，2016（10）：23－39.

[48] 贾俊雪，张晓颖，宁静．多维晋升激励对地方政府举债行为的影响 [J]. 中国工业经济，2017（07）：5－23.

[49] 贾康，白景明．县乡财政解困与财政体制创新 [J]. 经济研究，2002（02）：3－9.

[50] 姜朋，梁俊娇，李羡於，等．我国区域间税负水平差异空间分布特征及分析 [J]. 税务研究，2017（06）：20－27.

[51] [匈牙利] 科尔奈．张晓光，等，译．短缺经济学（下卷）[M]. 北京：经济科学出版社，1986.

[52] 李成，王婷，李文乐．经济增长目标、货币政策调控与信贷规

模［J］．国际金融研究，2018（09）：24－34.

［53］李春瑜．制造业上市公司税负实证分析——总体趋势、影响因素与差异比较［J］．经济与管理评论，2016，32（04）：87－93.

［54］李丹，裴育．国家贫困县存在税收竞争吗？［J］．审计与经济研究，2019，34（01）：108－116.

［55］李恩极，李群官员任期、标尺竞争与地方政府科学支出——基于地级市数据和两区制空间杜宾模型的新证据［J］．研究与发展管理，2020，32（06）：114－125.

［56］李国平，张海莹．我国采矿行业税收负担水平研究［J］．税务研究，2010（07）：48－51.

［57］李建军．税收征管效率与实际税率关系的实证研究——兼论我国“税收痛苦指数”降低的有效途径［J］．当代财经，2013（04）：37－47.

［58］李建军，赵桂芹，单年宏．我国税收征管效率实证分析——基于修正的三阶段DEA方法［J］．税务与经济，2012（01）：85－91.

［59］李建英，陈平，李婷婷．我国制造业上市公司所得税税负影响因素分析［J］．税务研究，2015（12）：41－44.

［60］李凯，刘昊．关于企业税收负担影响因素的研究——基于我国上市公司有效税率的测度［J］．税收经济研究，2011，16（03）：89－94.

［61］李林木，汪冲．税费负担、创新能力与企业升级——来自“新三板”挂牌公司的经验证据［J］．经济研究，2017，52（11）：119－134.

［62］李明，李德刚，冯强．中国减税的经济效应评估——基于所得税分享改革“准自然试验”［J］．经济研究，2018，53（07）：121－135.

［63］李书娟，王贤彬．经济增长目标压力下的国企投资规律及效应研究——来自地级经济增长目标与上市公司样本的证据［J］．南方经济，2020（11）：83－98.

［64］李维安，徐业坤．政治身份的避税效应［J］．金融研究，2013（03）：114－129.

［65］李艳，杨婉昕，陈斌开．税收征管、税负水平与税负公平［J］．

中国工业经济，2020（11）：24－41.

［66］李一花，亓艳萍．地区财政能力、引资竞争与地方债规模研究［J］．当代财经，2017（01）：27－39.

［67］李永友，张子楠．转移支付提高了政府社会性公共品供给激励吗？［J］．经济研究，2017，52（01）：119－133.

［68］李增福，徐媛．税率调整对我国上市公司实际税收负担的影响［J］．经济科学，2010（03）：27－38.

［69］李志学，李红敏．房地产企业税负水平的衡量与评价［J］．中国管理信息化，2009，12（04）：39－42.

［70］厉庭炜．我国规模以上工业企业实际税负影响因素研究［D］．杭州：浙江财经大学，2015.

［71］林毅夫，蔡昉，李周．中国的奇迹：发展战略与经济改革（增订版）［M］．上海：格致出版社、上海三联书店、上海人民出版社，2013.

［72］林颖，马启明．高新技术产业税负状况的实证分析与启示［J］．统计与决策，2008（23）：143－145.

［73］刘畅，马光荣．财政转移支付会产生“粘蝇纸效应”吗？——来自断点回归的新证据［J］．经济学报，2015，2（01）：25－46.

［74］刘贯春，周伟．转移支付不确定性与地方财政支出偏向［J］．财经研究，2019，45（06）：4－16.

［75］刘行，李小荣．金字塔结构、税收负担与企业价值：基于地方国有企业的证据［J］．管理世界，2012（08）：91－105.

［76］刘建民，李桂英，吴金光．汽车制造业税负及其影响因素的实证研究——基于上市公司财务数据［J］．财经理论与实践，2013，34（01）：86－90.

［77］刘骏，刘峰．财政集权、政府控制与企业税负——来自中国的证据［J］．会计研究，2014（01）：21－27＋94.

［78］刘潘，张凯强．产权制度安排对企业有效税率的影响［J］．中南财经政法大学学报，2020（03）：78－87.

［79］刘啟仁，黄建忠．企业税负如何影响资源配置效率［J］．世界经

济，2018，41（01）：78－100.

［80］刘穷志，卢盛峰，陈思霞．税权分配与税收征管效率——基于中国省际面板数据的实证分析［J］．经济评论，2009（05）：60－67.

［81］刘少波，黄文青．我国地方政府隐性债务状况研究［J］．财政研究，2008（09）：64－68.

［82］刘书明，郭姣．中国宏观税负区域差异变化趋势与影响因素分析［J］．统计与决策，2018，34（18）：150－153.

［83］刘淑琳，王贤彬，黄亮雄．经济增长目标驱动投资吗？——基于2001－2016年地级市样本的理论分析与实证检验［J］．金融研究，2019（08）：1－19.

［84］刘帅，孔明．经济增长目标、公众参与及环境质量治理［J］．技术经济，2020，39（04）：66－75.

［85］刘帅，刘凤艳，汪奕鹏．经济增长目标、异质性环境规制与产能利用率［J］．商业研究，2020（02）：21－33.

［86］刘怡，刘维刚．税收分享对地方征税努力的影响——基于全国县级面板数据的研究［J］．财政研究，2015（03）：30－36.

［87］刘勇，黄灿．经济增长目标与企业创新［J］．金融学季刊，2020，14（02）：1－24.

［88］龙小宁，朱艳丽，蔡伟贤，等．基于空间计量模型的中国县级政府间税收竞争的实证分析［J］．经济研究，2014，49（08）：41－53.

［89］娄权．上市公司税负及其影响因素——来自沪深股市的经验证据［J］．特区经济，2007（01）：99－101.

［90］罗党论，杨玉萍．产权、政治关系与企业税负——来自中国上市公司的经验证据［J］．世界经济文汇，2013（04）：1－19.

［91］吕冰洋．“顾炎武方案”与央地关系构建：寓活力于秩序［J］．财贸经济，2019，40（10）：50－65.

［92］吕冰洋．从市场扭曲看政府扩张：基于财政的视角［J］．中国社会科学，2014（12）：81－101＋207.

［93］吕冰洋．官员行为与财政行为［J］．财政研究，2018（11）：

23 - 27.

[94] 吕冰洋. 政府间税收分权的配置选择和财政影响 [J]. 经济研究, 2009, 44 (06): 16 - 27.

[95] 吕冰洋, 樊勇. 分税制改革以来税收征管效率的进步和省际差别 [J]. 世界经济, 2006 (10): 69 - 77 + 96.

[96] 吕冰洋, 郭庆旺. 中国税收高速增长的源泉: 税收能力和税收努力框架下的解释 [J]. 中国社会科学, 2011 (02): 76 - 90 + 221 - 222.

[97] 吕冰洋, 胡深, 马光荣. 蛋糕怎么分: 政府收入分级分配的规律 [R]. 2017.

[98] 吕冰洋, 李峰. 中国税收超经济增长之谜的实证解释 [J]. 财贸经济, 2007 (03): 29 - 36 + 128.

[99] 吕冰洋, 马光荣, 毛捷. 分税与税率: 从政府到企业 [J]. 经济研究, 2016, 51 (07): 13 - 28.

[100] 吕冰洋, 毛捷. 高投资、低消费的财政基础 [J]. 经济研究, 2014, 49 (05): 4 - 18.

[101] 吕冰洋, 聂辉华. 弹性分成: 分税制的契约与影响 [J]. 经济理论与经济管理, 2014 (07): 43 - 50.

[102] 吕冰洋, 台航. 国家能力与政府间财政关系 [J]. 政治学研究, 2019 (03): 94 - 107 + 128.

[103] 吕冰洋, 詹静楠, 李钊. 中国税收负担: 孰轻孰重? [J]. 经济学动态, 2020 (01): 18 - 33.

[104] 吕冰洋, 张凯强. 转移支付和税收努力: 政府支出偏向的影响 [J]. 世界经济, 2018, 41 (07): 98 - 121.

[105] 吕冰洋, 张兆强. 中国税收制度的改革: 从嵌入经济到嵌入社会 [J]. 社会学研究, 2020, 35 (04): 152 - 173 + 244 - 245.

[106] 吕健. 影子银行推动地方政府债务增长了吗 [J]. 财贸经济, 2014 (8): 38 - 48.

[107] 吕捷, 鄢一龙, 唐啸. "碎片化" 还是 "耦合"? 五年规划视角下的央地目标治理 [J]. 管理世界, 2018, 34 (04): 55 - 66.

[108] 吕炜，陈海宇．腐败对企业逃避税行为的影响——来自中国工业企业数据的证据 [J]．审计研究，2017 (01)：105－112.

[109] 马光荣，李力行．政府规模、地方治理与企业逃税 [J]．世界经济，2012，35 (06)：93－114.

[110] 马光荣，张凯强，吕冰洋．分税与地方财政支出结构 [J]．金融研究，2019 (08)：20－37.

[111] 马海涛，吕强．我国地方政府债务风险问题研究 [J]．财贸经济，2004 (02)：12－17.

[112] 马亮．官员晋升激励与政府绩效目标设置——中国省级面板数据的实证研究 [J]．公共管理学报，2013，10 (02)：28－39＋138.

[113] 马亮．绩效差距与目标调整：中国省级政府的实证分析 [J]．公共管理评论，2016 (03)：29－50.

[114] 马亮．目标治国：官员问责、绩效差距与政府行为 [M]．北京：社会科学文献出版社，2018.

[115] 马双，吴夕，卢斌．政府减税、企业税负与企业活力研究——来自增值税转型改革的证据 [J]．经济学（季刊），2019，18 (02)：483－504.

[116] 马万里．中国地方政府隐性债务扩张的行为逻辑——兼论规范地方政府举债行为的路径转换与对策建议 [J]．财政研究，2019 (08)：60－71＋128.

[117] 毛捷，韩瑞雪，徐军伟．财政压力与地方政府债务扩张——基于北京市全口径政府债务数据的准自然实验分析 [J]．经济社会体制比较，2020 (01)：22－33.

[118] 毛捷，刘潘，吕冰洋．地方公共债务增长的制度基础——兼顾财政和金融的视角 [J]．中国社会科学，2019 (09)：45－67＋205.

[119] 毛捷，吕冰洋，马光荣．转移支付与政府扩张：基于"价格效应"的研究 [J]．管理世界，2015 (07)：29－41＋187.

[120] 缪小林．什么拉动了我国地方政府债务的扩张？[J]．地方财政研究，2015 (03)：51－57.

［121］缪小林，伏润民．权责分离、政绩利益环境与地方政府债务超常规增长［J］．财贸经济，2015（4）：17－31.

［122］聂长飞，冯苑．经济增长目标约束与绿色全要素生产率［J］．南京财经大学学报，2020（05）：97－108.

［123］牛富荣，贺冠勇．税收分成能促进基本公共服务供给吗［J］．税收经济研究，2020，25（04）：44－52.

［124］庞保庆，陈硕．央地财政格局下的地方政府债务成因、规模及风险［J］．经济社会体制比较，2015（05）：45－57.

［125］庞凤喜，刘畅．关于企业微观税负的衡量问题探讨［J］．税务研究，2017（06）：15－19.

［126］彭程，王晓庆，代彬．企业实际所得税率的影响因素研究——基于中国上市公司的实证检验［J］．新疆大学学报（哲学·人文社会科学版），2018，46（03）：9－20.

［127］乔宝云．中央和地方财政关系改革的关键问题［J］．财经智库，2017，2（01）：51－80＋142.

［128］邱栎桦，伏润民．财政分权、政府竞争与地方政府债务——基于中国西部D省的县级面板数据分析［J］．财贸研究，2015，26（03）：97－103.

［129］瞿同祖．清代地方政府［M］．北京：法律出版社，2011.

［130］任晓怡，向海凌，吴非．地方经济增长目标如何影响金融市场稳定——基于股价崩盘风险的视角［J］．经济学报，2020，7（02）：1－34.

［131］宋冉，陈广汉．官员特征、经历与地方政府教育支出偏好——来自中国地级市的经验证据［J］．经济管理，2016，38（12）：149－169.

［132］孙琳，潘春阳．"利维坦假说"、财政分权和地方政府规模膨胀——来自1998－2006年的省级证据［J］．财经论丛，2009（02）：15－22.

［133］孙文凯，刘元春．政府制定经济目标的影响——来自中国的证据［J］．经济理论与经济管理，2016（03）：5－13.

［134］唐博，张凌枫．税收信息化建设对企业纳税遵从度的影响研究［J］．税务研究，2019（07）：62－69.

［135］陶东杰，李成，蔡红英．纳税信用评级披露与企业税收遵从——来自上市公司的证据［J］．税务研究，2019（09）：101－108.

［136］陶然，苏福兵，陆曦，等．经济增长能够带来晋升吗？——对晋升锦标竞赛理论的逻辑挑战与省级实证重估［J］．中国经济学，2010（00）：200－239.

［137］田彬彬，陶东杰，李文健．税收任务、策略性征管与企业实际税负［J］．经济研究，2020，55（08）：121－136.

［138］田国强，赵旭霞．金融体系效率与地方政府债务的联动影响——民企融资难融资贵的一个双重分析视角［J］．经济研究，2019，54（08）：4－20.

［139］万华林，朱凯，陈信元．税制改革与公司投资价值相关性［J］．经济研究，2012，47（03）：65－75.

［140］汪德华，李琼．宏观税负与企业税负地区间差异之比较——基于工业企业数据计量分解的分析［J］．财贸经济，2015（03）：17－29.

［141］王德祥，李建军．我国税收征管效率及其影响因素——基于随机前沿分析（SFA）技术的实证研究［J］．数量经济技术经济研究，2009，26（04）：152－161.

［142］王汉生，王一鸽．目标管理责任制：农村基层政权的实践逻辑［J］．社会学研究，2009，24（02）：61－92＋244.

［143］王剑锋．中央集权型税收高增长路径：理论与实证分析［J］．管理世界，2008（07）：45－52.

［144］王素荣，徐明玉．房地产行业税负及其影响因素研究——基于房地产开发与经营上市公司的数据［J］．财经问题研究，2012（08）：111－116.

［145］王素荣，张新民．资本结构和所得税税负关系实证研究［J］．中国工业经济，2006（12）：98－104.

［146］王文剑．中国的财政分权与地方政府规模及其结构——基于经

验的假说与解释 [J]. 世界经济文汇，2010 (05)：105 - 119.

[147] 王贤彬，陈春秀. 经济增长目标压力遏制制造业全要素生产率提升了吗？[J]. 产经评论，2019，10 (06)：108 - 122.

[148] 王贤彬，黄亮雄. 地方经济增长目标管理——一个三元框架的理论构建与实证检验 [J]. 经济理论与经济管理，2019 (09)：30 - 44.

[149] 王贤彬，张莉，徐现祥. 什么决定了地方财政的支出偏向——基于地方官员的视角 [J]. 经济社会体制比较，2013 (06)：157 - 167 + 180.

[150] 王贤彬，周海燕. 中央财政转移支付与地方经济增长目标管理 [J]. 经济管理，2016，38 (08)：1 - 17.

[151] 王晓渝，樊世明. 我国名义税负与实际税负比较及提高实际税负的征管对策 [J]. 生产力研究，2000 (Z1)：84 - 86.

[152] 王新红，云佳. 营改增对交通运输业上市公司流转类税负及业绩的影响研究 [J]. 税务与经济，2014 (06)：76 - 82.

[153] 王叙果，张广婷，沈红波. 财政分权、晋升激励与预算软约束——地方政府过度负债的一个分析框架 [J]. 财政研究，2012 (03)：10 - 15.

[154] 王延明. 上市公司所得税负担研究——来自规模、地区和行业的经验证据 [J]. 管理世界，2003 (01)：115 - 122.

[155] 王延明. 上市公司实际所得税率影响因素分析 [J]. 经济管理，2003 (20)：79 - 87.

[156] 王玉兰，李雅坤. "营改增"对交通运输业税负及盈利水平影响研究——以沪市上市公司为例 [J]. 财政研究，2014 (05)：41 - 45.

[157] 魏陆. 上海"营改增"试点政策效应的分析及完善 [J]. 税务研究，2013 (04)：12 - 17.

[158] 温来成，李婷. 我国地方政府隐性债务边界的厘清及治理问题研究 [J]. 中央财经大学学报，2019 (07)：18 - 26 + 114.

[159] 吴斌，徐雪飞，孟鹏，等. 产业集聚、税收竞争与企业税负 [J]. 东南大学学报（哲学社会科学版），2019，21 (01)：66 - 76 + 144.

[160] 吴联生. 国有股权、税收优惠与公司税负 [J]. 经济研究，

2009, 44 (10): 109 – 120.

[161] 吴联生, 李辰. "先征后返"、公司税负与税收政策的有效性 [J]. 中国社会科学, 2007 (04): 61 – 73 + 205.

[162] 吴敏, 周黎安. 晋升激励与城市建设: 公共品可视性的视角 [J]. 经济研究, 2018, 53 (12): 97 – 111.

[163] 吴文锋, 吴冲锋, 刘晓薇. 中国民营上市公司高管的政府背景与公司价值 [J]. 经济研究, 2008 (07): 130 – 141.

[164] 吴文锋, 吴冲锋, 芮萌. 中国上市公司高管的政府背景与税收优惠 [J]. 管理世界, 2009 (03): 134 – 142.

[165] 吴祖光, 万迪昉. 企业税收负担计量和影响因素研究述评 [J]. 经济评论, 2012 (06): 149 – 156.

[166] 肖叶. 财政支出偏向促进了城投债发行吗——基于新口径的实证分析 [J]. 山西财经大学学报, 2020, 42 (08): 43 – 55.

[167] 萧艳汾. 深圳"营改增"对企业税负的影响 [J]. 中国财政, 2013 (15): 22 – 23.

[168] 谢静伊. 商业银行"营改增"达到预期效果了吗 [J]. 金融经济, 2017 (16): 15 – 17.

[169] 谢贞发, 范子英. 中国式分税制、中央税收征管权集中与税收竞争 [J]. 经济研究, 2015, 50 (04): 92 – 106.

[170] 谢贞发, 张佼雨. 税收分成激励与地方公共产品配置——基于省以下税收分成变化的实证检验 [J]. 财政研究, 2021 (01): 57 – 73.

[171] 徐换歌, 蒋硕亮. 经济增长目标约束、政府间竞争与基本公共服务供给 [J]. 广东财经大学学报, 2020, 35 (06): 4 – 16.

[172] 徐现祥, 李书娟, 王贤彬, 等. 中国经济增长目标的选择: 以高质量发展终结"崩溃论" [J]. 世界经济, 2018, 41 (10): 3 – 25.

[173] 徐现祥, 梁剑雄. 经济增长目标的策略性调整 [J]. 经济研究, 2014, 49 (01): 27 – 40.

[174] 徐现祥, 刘毓芸. 经济增长目标管理 [J]. 经济研究, 2017, 52 (07): 18 – 33.

［175］许景婷，张兵．宏观税负影响因素实证研究——基于江苏省的时间序列检验［J］．南京工业大学学报（社会科学版），2011，10（01）：81－85.

［176］许敬轩，王小龙，何振．多维绩效考核、中国式政府竞争与地方税收征管［J］．经济研究，2019，54（04）：33－48.

［177］薛凤珍，蒙永胜．转移支付与县级财政支出扩张——基于“双向”粘蝇纸效应的分析［J］．中央财经大学学报，2018（07）：13－25.

［178］薛爽，都卫锋，洪昀．CFO 影响力与企业税负水平——基于企业所有权视角的分析［J］．财经研究，2012，38（10）：57－67.

［179］薛伟，刘骏．税收征管压力对企业税收负担的影响［J］．税务研究，2020（06）：104－109.

［180］鄢一龙．目标治理：看得见的五年规划之手［M］．北京：中国人民大学出版社，2013.

［181］闫婷．地方财政支出结构问题研究文献综述［J］．辽宁行政学院学报，2020（02）：36－41.

［182］杨继东，杨其静，刘凯，等．以地融资与债务增长——基于地级市面板数据的经验研究［J］．财贸经济，2018（39）：54－70.

［183］杨良松．转移支付增加地方教育支出了吗——基于 2001－2009 年地级数据的研究［J］．清华大学教育研究，2016，37（03）：74－84＋117.

［184］杨良松，马然然．财政分权增加了公共品供给的不平等吗？——基于 1999—2010 年地级数据的分析［J］．公共经济与政策研究，2016（01）：51－65.

［185］杨龙见，徐琰超，尹恒．转移支付形式会影响地方政府的收支行为吗？——理论研究和经验分析［J］．财经研究，2015，41（07）：95－109.

［186］杨其静，郑楠．地方领导晋升竞争是标尺赛、锦标赛还是资格赛［J］．世界经济，2013，36（12）：130－156.

［187］杨莎莉，张平竺．企业微观视角下增值税转型的政策效应分

析——基于双重差分 DID 模型的研究 [J]. 中国经济问题，2014 (04)：3 - 12.

[188] 杨十二，李尚蒲. 地方政府债务的决定：一个制度解释框架 [J]. 经济体制改革，2013 (02)：15 - 19.

[189] 杨伟民. 发展规划的理论和实践 [M]. 北京：清华大学出版社，2010.

[190] 杨永恒. 发展规划：理论、方法和实践 [M]. 北京：清华大学出版社，2012.

[191] 杨永辉，司冠婷. 基于 ISM 的企业税收负担影响因素分析 [J]. 陕西科技大学学报（自然科学版），2012，30 (05)：139 - 142.

[192] 杨志勇. 省直管县财政体制改革研究——从财政的省直管县到重建政府间财政关系 [J]. 财贸经济，2009 (11)：36 - 41 + 136.

[193] 姚东旻，李静，陈翊婧. 专项转移支付是否带动了地方的专项支出？——一个基于政策文本与省市数据的理论机制及其实证检验 [J]. 财经研究，2019，45 (10)：21 - 34.

[194] 姚君. "先征后返"与上市公司税负研究——兼论如何促进证券市场的规范发展 [J]. 税务研究，2003 (02)：34 - 38.

[195] 姚洋，张牧扬. 官员绩效与晋升锦标赛——来自城市数据的证据 [J]. 经济研究，2013，48 (01)：137 - 150.

[196] 叶康涛，刘行. 税收征管、所得税成本与盈余管理 [J]. 管理世界，2011 (05)：140 - 148.

[197] 易雯. 官员特征、晋升激励与地方财政教育支出行为 [J]. 西安财经学院学报，2018，31 (05)：13 - 19.

[198] 尹恒，朱虹. 县级财政生产性支出偏向研究 [J]. 中国社会科学，2011 (01)：88 - 101 + 222.

[199] 尹振东，汤玉刚. 专项转移支付与地方财政支出行为——以农村义务教育补助为例 [J]. 经济研究，2016，51 (04)：47 - 59.

[200] 于文超，殷华，梁平汉. 税收征管、财政压力与企业融资约束 [J]. 中国工业经济，2018 (01)：100 - 118.

［201］余泳泽，刘大勇，龚宇．过犹不及事缓则圆：地方经济增长目标约束与全要素生产率［J］．管理世界，2019，35（07）：26－42＋202.

［202］余泳泽，潘妍．中国经济高速增长与服务业结构升级滞后并存之谜——基于地方经济增长目标约束视角的解释［J］．经济研究，2019，54（03）：150－165.

［203］余泳泽，杨晓章．官员任期、官员特征与经济增长目标制定——来自230个地级市的经验证据［J］．经济学动态，2017（02）：51－65.

［204］余泳泽，张少辉，杜运苏．地方经济增长目标约束与制造业出口技术复杂度［J］．世界经济，2019，42（10）：120－142.

［205］臧传琴，初帅．地方官员特征、官员交流与环境治理——基于2003－2013年中国25个省级单位的经验证据［J］．财经论丛，2016（11）：105－112.

［206］詹新宇，刘文彬．中国式财政分权与地方经济增长目标管理——来自省、市政府工作报告的经验证据［J］．管理世界，2020，36（03）：23－39＋77.

［207］詹新宇，刘文彬，李文健．地方经济增长目标管理与企业实际税负［J］．财政研究，2020（11）：84－100.

［208］张恒龙，陈宪．财政竞争对地方公共支出结构的影响——以中国的招商引资竞争为例［J］．经济社会体制比较，2006（06）：57－64.

［209］张克中，欧阳洁，李文健．缘何“减税难降负”：信息技术、征税能力与企业逃税［J］．经济研究，2020，55（03）：116－132.

［210］张莉，年永威，刘京军．土地市场波动与地方债——以城投债为例［J］．经济学（季刊），2018，17（03）：1103－1126.

［211］张玲，朱婷婷．税收征管、企业避税与企业投资效率［J］．审计与经济研究，2015，30（02）：83－92.

［212］张伦俊，李淑萍．规模以上工业企业的行业税负研究［J］．统计研究，2012，29（02）：66－72.

［213］张敏，叶慧芬，童丽静．财政分权、企业税负与税收政策有效

性［J］. 经济学动态，2015（01）：42－54.

［214］张牧扬．晋升锦标赛下的地方官员与财政支出结构［J］. 世界经济文汇，2013（01）：86－103.

［215］张永军，梁东黎．晋升激励、官员注意力配置与公共品供给［J］. 理论导刊，2010（12）：21－23.

［216］张宇．财政分权与政府财政支出结构偏异——中国政府为何偏好生产性支出［J］. 南开经济研究，2013（03）：35－50.

［217］赵新宇，郑国强．地方经济增长目标与要素市场扭曲［J］. 经济理论与经济管理，2020（10）：37－49.

［218］赵永辉，付文林，束磊．转移支付与地方财政支出扩张——基于异质性与空间外溢视角的分析［J］. 经济理论与经济管理，2019（08）：27－44.

［219］郑华．预算软约束视角下地方政府过度负债偏好的制度成因分析［J］. 财政研究，2011（01）：50－53.

［220］钟辉勇，陆铭．财政转移支付如何影响了地方政府债务？［J］. 金融研究，2015（9）：1－16.

［221］周黎安．晋升博弈中政府官员的激励与合作——兼论我国地方保护主义和重复建设问题长期存在的原因［J］. 经济研究，2004（06）：33－40.

［222］周黎安．中国地方官员的晋升锦标赛模式研究［J］. 经济研究，2007（07）：36－50.

［223］周黎安，刘冲，厉行，等．“层层加码”与官员激励［J］. 世界经济文汇，2015（01）：1－15.

［224］周晓蓉，赵树高，姚涛．我国房地产业税负比较探究［J］. 税务研究，2013（02）：53－56.

［225］左翔，殷醒民，潘孝挺．财政收入集权增加了基层政府公共服务支出吗？以河南省减免农业税为例［C］. 经济学（季刊）第10卷第4期．北京大学国家发展研究院，2011：198－223.

［226］Adhikari A，Derashid C，Zhang H. Public Policy，Political Connections, and Effective Tax Rates: Longitudinal Evidence from Malaysia [J]. Journal of Accounting and Public Policy, 2006, 25 (5): 574 -595.

[227] Aigner D, Lovell C A K, Schmidt P. Formulation and estimation of stochastic frontier production function models [J]. Journal of Econometrics, 1977, 6 (1): 21 -37.

[228] Alejandro Esteller - Moré, Galmarini U, Rizzo L. Vertical tax competition and consumption externalities in a federation with lobbying [J]. Journal of Public Economics, 2012, 96 (3 -4): 295 -305.

[229] Ali M, Shifa A, Shimeles A, et al. Information Technology and Fiscal Capacity in a Developing Country: Evidence from Ethiopia [J]. Working Papers, 2015.

[230] Bahl Roy W. A Regression Approach to Tax Effort and Tax Ratio Analysis [J]. Imf Economic Review, 1971, 18 (3): 570 -612.

[231] Battese G E, Corra G S. Estimation Of A Production Frontier Model: With Application To The Pastoral Zone Of Eastern Australia [J]. Australian Journal of Agricultural Economics, 2012, 21 (3): 169 -179.

[232] Besley T, Case A. Incumbent Behavior: Vote Seeking, Tax Setting and Yardstick Competition [J]. American Economic Review, 1995, 85 (1): 25 -45.

[233] Besley T, Persson T. The Origins of State Capacity: Property Rights, Taxation, and Politics [J]. American Economic Review, 2009, 99 (4): 1218 -1244.

[234] Brender A, Drazen A. Do Leaders Affect Government Spending Priorities? [R]. NBER Working Papers 5368, 2009.

[235] Brender A, Drazen A. Political Budget Cycles in New versus Established Democraies [J]. Journal of Monetary Economics, 2005, 52 (7): 1271 -1295.

[236] Casaburi L, Troiano U. Ghost - House Busters: The Electoral Response to a Large Anti Tax Evasion Program [J]. SSRN Electronic Journal, 2013, 131 (1).

[237] Charnes A, Cooper W W, Rhodes E. Measuring Efficiency Of Decision Making Units [J]. European Journal of Operational Research, 1978, 2 (6): 429 -444.

[238] Chen S, Chen X, Cheng Q, et al. Are family firms more tax aggressive than non - family firms? [J]. Journal of Financial Economics, 2010, 95 (1): 41 -61.

[239] Dahlberg M, Mork E, Rattso J, et al. Using a discontinuous grant rule to identify the effect of grants on local taxes and spending [J]. Journal of Public Economics, 2008, 92 (12): 2320 -2335.

[240] Derashid C, Zhang H. Effective tax rates and the "industrial policy" hypothesis: evidence from Malaysia [J]. Journal of international accounting, auditing and taxation, 2003, 12 (1): 45 -62.

[241] Desai M A, Dyck A, Zingales L. Theft and taxes [J]. Journal of Financial Economics, 2007, 84 (3): 591 - 623.

[242] Drazen A, Eslava M. Electoral Manipulation via Expenditure Composition: Theory and Evidence [R]. NBER Working Papers 1085, 2005.

[243] Dubin J A, Graetz M J, Wilde L L. The effect of audit rates on the federal individual income tax, 1977 - 1986 [J]. National Tax Journal, 1990: 395 -409.

[244] Eegger P, Koethenbuerger M, Smart M. Do fiscal transfers alleviate business tax competition? Evidence from Germany [J]. Journal of Public Economics, 2010, 94 (3): 235 -246.

[245] Fan H, Liu Y, Qian N, et al. The Dynamic Effects of Computerized VAT Invoices on Chinese Manufacturing Firms [J]. CEPR Discussion Papers, 2018.

[246] Gennari E, Messina G. How sticky are local expenditures in Italy? Assessing the relevance of the flypaper effect through municipal data [J]. International Tax and Public Finance, 2014, 21 (2): 324 -344.

[247] Gordon N. Do federal grants boost school spending? Evidence from

title I [J]. Journal of Public Economics, 2004, 88 (1): 1771 - 1792.

[248] Gordon R, Li W. Tax Structure in Developing Countries: Many Puzzles and a Possible Explanation [J]. Journal of Public Economics, 2005, 93 (7): 855 - 866.

[249] Gramlich E M. Federalism and Federal Deficit Reduction [J]. National Tax Journal, 1987, 40 (3): 299 - 313.

[250] Gramlich E M. Intergovernmental Grants: A Review of the Empirical Literature. in Oates, W. E. , eds. , The Political Economy of Federalism [M]. Lexington Books: 219 - 240.

[251] Gramlich E M, Galper H. State and Local Fiscal Behavior and Federal Grant Policy [J]. Brookings Papers on Economic Activity, 1973, 4 (1): 15 - 66.

[252] Gupta S, Newberry K. Determinants of the variability in corporate effective tax rates: Evidence from longitudinal data [J]. Journal of Accounting and Public Policy, 1997, 16 (1): 0 - 34.

[253] Halpern D D. Inside the Nudge Unit: How Small Changes Can Make a Big Difference [M]. London: WH Allen, 2015.

[254] Hanlon M, Heitzman S. A review of tax research [J]. Journal of accounting & economics, 2010, 50 (2 - 3): 127 - 128.

[255] Heshmati A, Johansson D, Bjuggren C M. Effective Corporate Tax Rates and the Size Distribution of Firms [J]. Journal of Industry Competition and Trade, 2010 (10): 297 - 317.

[256] Janssen B, Buijink W, Schols Y. Evidence of the effect of domicile on corporate average effective tax rates in the European Union [J]. Journal of International Accounting Auditing & Taxation, 2002, 11 (2): 115 - 130.

[257] Jia J, Guo Q, Zhang J. Fiscal decentralization and local expenditure policy in China [J]. China Economic Review, 2014, 28: 107 - 122.

[258] Jin J, Zou H. How does fiscal decentralization affect aggregate, national, and subnational government size? [J]. Journal of Urban Economics, 2002, 52 (2): 270 - 293.

[259] Kern B B, Morris M H. Taxes and firm size: the effect of tax legislation during the 1980s [J]. Journal of the American Taxation Association, 1992, 14 (1): 80 -96.

[260] Kim K A, Limpaphayom K P. Taxes and firm size in pacific - basin emerging economies [J]. Journal of International Accounting, Auditing and Taxation, 1998, 7 (1): 47 -68.

[261] Kitao S. Labor - dependent capital income taxation [J]. Journal of Monetary Economics, 2010.

[262] Klemm A D, Botman D P, Baqir R. Investment Incentives and Effective Tax Rates in the Philippines; A Comparison With Neighboring Countries [J]. IMF Working Papers, 2008.

[263] Kleven H J, Knudsen M B, Kreiner C T, et al. Unwilling or Unable to Cheat? Evidence From a Tax Audit Experiment in Denmark [J]. Econometrica, 2011, 79 (3): 651 -692.

[264] Köthenbürger M. Tax Competition and Fiscal Equalization [J]. International Tax & Public Finance, 2002, 9 (4): 391 -408.

[265] Lederman L. Reducing Information Gaps to Reduce the Tax Gap: When is Information Reporting Warranted? [J]. Social Science Electronic Publishing, 2010, 78 (4): 1733 -1759.

[266] Lennox C S, Li W, Pittman J, et al. The Determinants and Consequences of Tax Audits: Some Evidence from China [J]. Journal of the American Taxation Association, 2019, 41 (1): 91 -122.

[267] Li X, Liu C, Weng X, et al. Target Setting in Tournaments: Theory and Evidence from China [J]. The Economic Journal, 2019 (129): 2888 -2915.

[268] Liu D, Xu C, Yu Y, et al. Economic Growth Target, Distortion of Public Expenditure and Business Cycle in China [J], China Economic Review, 2020, 63 (10): 1 -20.

[269] Lorenzo C, Ugo T. Ghost - House Busters: The Electoral Response

to a Large Anti - Tax Evasion Program [J]. The Quarterly Journal of Economics, 2016 (1): 1.

[270] Lotz J R, Morss E R. A Theory of Tax Level Determinants for Developing Countries [J]. Economic Development and Cultural Change, 1970, 18: 328 - 341.

[271] Ma J. Intergovernmental Relations and Economic Management in China [M]. London: Palgrave Macmillan Press, 1997.

[272] Manzon G B, Smith W R. The effect of the Economic Recovery Tax Act of 1981 and the Tax Reform Act of 1986 on the distribution of effective tax rates [J]. Journal of Accounting & Public Policy, 1994, 13 (4): 349 - 362.

[273] Meeusen W, van den Broeck J. Technical efficiency and dimension of the firm: Some results on the use of frontier production functions [J]. Empirical Economics, 1977, 2 (2): 109 - 122.

[274] Miao S, et al. Empirical Research of Influencing Factors on the Actual Tax Burden: A Share Listed Companies in Automotive Manufacturing Industry of China [R]. Proceedings of the 5th International Symposium for Corporation Governance. SEP 05 - 06, 2009.

[275] Mintz J M. Corporate Tax Holidays and Investment [J]. World Bank Economic Review, 1990 (1): 81 - 102.

[276] Mintz J, Tulkens H. Commodity Tax Competition between Member States of a Federation: Equilibrium and Efficiency [J]. Journal of Public Economics, 1986, 29 (2): 133 - 172.

[277] Moynihan D, Herd P, Harvey H. Administrative Burden: Learning, Psychological, and Compliance Costs in Citizen - State Interactions [J]. Journal of Public Administration Research and Theory, 2014, 25 (1): 43 - 69.

[278] Nicodème G. Comparing Effective Corporate Tax Rates [J]. Frontiers in Finance and Economics, 2007, 4 (2): 102 - 131.

[279] Oates W E. A Reconsideration of Environmental Federalism [R]. Discussion Papers, 2002.

[280] Oates W E. Fiscal Federalism [M]. Harcourt Brace Jovanovich Press, 1972.

[281] Omer T C, Molloy K H, Ziebart D A. Measurement of Effective Corporate Tax Rates Using Financial Statement Information [J]. Journal of the American Taxation Association, 2001, 13 (1): 57-72.

[282] Onofrei M, Vintila G, Gherghina S C, et al. Do firm characteristics influence effective corporate tax rate? Empirical evidence from a panel of former communist Eastern European Markets [J]. Transformations in Business and Economics, 2018, 17 (2B (44B)): 622-639.

[283] Plesko G A. An evaluation of alternative measures of corporate tax rates [J]. Journal of Accounting & Economics, 2003, 35 (2): 201-226.

[284] Pomeranz D D. No Taxation without Information: Deterrence and Self-Enforcement in the Value Added Tax [J]. American Economic Review, 2015, 105 (8): 2539-2569.

[285] Porcano T M. Corporate tax rates: Progressive, proportional, or regressive [J]. Journal of the American Taxation Association, 1986, 7 (2): 17-31.

[286] Qian Y, Roland G. Federalism and the Soft Budget Constraint [J]. The American Economic Review, 1998, 88 (5): 1143-1162.

[287] Qian Y, Weingast B R. Federalism as a Commitment to Preserving Market Incentives [J]. Journal of Economic Perspectives, 1997, 11 (4): 83-92.

[288] Richardson G, Lanis R. Determinants of the variability in corporate effective tax rates and tax reform: Evidence from Australia [J]. Journal of Accounting & Public Policy, 2007, 26 (6): 689-704.

[289] Shevlin T J. Estimating Corporate Marginal Tax Rates with Asymmetric Tax Treatment of Gains and Losses [J]. Journal of the American Taxation Association, 1990 (12): 51-67.

[290] Shevlin T J, Porter S. The Corporate Tax Comeback in 1987: Some

Further Evidence [J]. Journal of the American Taxation Association, 1992, 14 (1): 58 - 79.

[291] Siegfried J J. Effective average US corporation income tax rates [J]. National Tax Journal, 1974: 245 - 259.

[292] Slemrod J, Blumenthal M, Christian C. Taxpayer response to an increased probability of audit: evidence from a controlled experiment in Minnesota [J]. Journal of Public Economics, 2001, 79 (3): 455 - 483.

[293] Slemrod J, Yitzhaki S. Tax Avoidance, Evasion, and Administration [J]. Handbook of Public Economics, 2002, 3 (02): 1423 - 1470.

[294] Smart M, Bird R M. The Impacton Investment of Replacing a Retail Sales Tax with a Value - added Tax: Evidence from Canadian Experience [J]. National Tax Journal, 2009, 62 (4): 591 - 609.

[295] Spooner G M. Effective Tax Rates From Financial Statements [J]. National Tax Journal, 1986, 39 (3): 293 - 306.

[296] Stamatopoulos I, Hadjidema S, Eleftheriou K. Explaining corporate effective tax rates: Evidence from Greece [J]. Economic Analysis and Policy, 2019, 62: 236 - 254.

[297] Stickney C P, Mcgee V E. Effective corporate tax rates the effect of size, capital intensity, leverage, and other factors [J]. Journal of Accounting and Public Policy, 1982, 1 (2): 125 - 152.

[298] Tiebout C M. A Pure Theory of Local Expenditures [J]. Journal of Political Economy, 1956, 64 (5): 416 - 424.

[299] Tran A V. Causes of the Book - Tax Income Gap [J]. Australian Tax Forum, 1998, 14 (3): 253 - 286.

[300] Vintila G, Gherghina S C, Păunescu R A. Study of Effective Corporate Tax Rate and Its Influential Factors: Empirical Evidence from Emerging European Markets [J]. Emerging Markets Finance & Trade, 2018, 54 (3): 571 - 590.

[301] Weingast B R. The Economic Role of Political Institutions: Market - Preserving Federalism and Economic Development [J]. Journal of Law,

Economic & Organization, 1995, 11 (1): 1 - 31.

[302] Wildasin D. Nash Equilibrium in Models of Fiscal Competition [J]. Journal of Public Economics, 1988, 35 (2): 229 - 240.

[303] Wilkie P. Corporate average effective tax rates and inferences about relative tax preferences [J]. Journal of the American Taxation Association, 1988, 10 (1): 75 - 88.

[304] Wilkie P, Limberg S. Measuring Explicit Tax (Dis) Advantage for Corporate Taxpayers: An Alternative to Average Effective Tax Rates [J]. Journal of the American Taxation Association, 1993, 15 (1): 46 - 71.

[305] Wilson R J. An Examination of Corporate Tax Shelter Participants [J]. Accounting Review, 2009, 84 (3): 969 - 999.

[306] Xu X, Wang Y. Ownership structure and corporate governance in Chinese stock companies [J]. China Economic Review, 1999, 10 (1): 75 - 98.

[307] Zimmerman J L. Taxes and firm size [J]. Journal of Accounting and Economics, 1983 (5): 119 - 149.

后　记

本书是在本人博士毕业论文的基础上修改而成。衷心感谢我的导师吕冰洋教授。不管是读博期间，还是工作之后，吕老师对我都非常照顾，在学术和生活上给予了很大帮助。每次想到吕老师，我都心存感激。非常感谢中国人民大学财政金融学院的各位老师，郭庆旺教授、朱青教授、岳树民教授、岳希明教授、贾俊雪教授、马光荣教授、刘勇政教授、李戎教授、薛涧坡教授、刘晓路副教授、代志新副教授、张文春副教授、禹奎副教授、张鹤副教授、张静副教授、李时宇副教授、雷敬华副教授，老师们的精彩授课和指导使我受益匪浅。也很感谢对外经济贸易大学国际经济贸易学院的毛捷教授，不论是指导论文，还是跟随调研，都将使我受益终身。感谢首都经济贸易大学财政税务学院的各位领导和同事，特别感谢何辉教授、李红霞教授、刘学伟书记、赵书博教授、曹静韬教授、黄春元副教授、范庆泉副教授、董丽娟老师、宋傲雪老师等老师在本书出版中给予的大力支持。感谢中国财经出版社的张晓彪编审和李肇晗编辑的支持和帮助。感谢所有帮助过我的朋友。感谢我的亲人，永远支持我、包容我，激励我前行。

张兆强

2023 年 12 月